该书是教育部人文社科规划项目"多层次微观金融稳定预警□（17YJA790031）的最终成果

U0463335

中国多层级微观金融稳定指数构建及分析

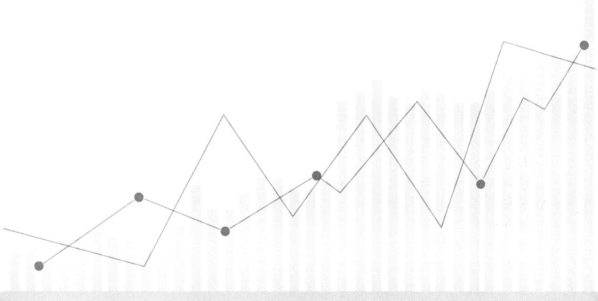

滑冬玲◎著

天津社会科学院出版社

图书在版编目（CIP）数据

中国多层级微观金融稳定指数构建及分析 / 滑冬玲
著. -- 天津：天津社会科学院出版社，2022.10
ISBN 978-7-5563-0862-0

Ⅰ.①中… Ⅱ.①滑… Ⅲ.①金融风险-指数-研究
-中国 Ⅳ.①F832.1

中国版本图书馆 CIP 数据核字(2022)第 206215 号

中国多层级微观金融稳定指数构建及分析
ZHONGGUO DUOCENGJI WEIGUAN JINRONG WENDING ZHISHU
GOUJIAN JI FENXI

选题策划：韩　鹏
责任编辑：沈　楠
责任校对：王　丽
装帧设计：高馨月
出版发行：天津社会科学院出版社
地　　址：天津市南开区迎水道 7 号
邮　　编：300191
电　　话：(022)23360165
印　　刷：高教社(天津)印务有限公司
开　　本：710×1000 毫米　　1/16
印　　张：10
字　　数：158 千字
版　　次：2022 年 10 月第 1 版　2022 年 10 月第 1 次印刷
定　　价：78.00 元

前　言

　　随着中国经济进入新常态、供给侧结构性改革的推进以及金融双向开放战略的实施，中国系统性金融风险压力加大，准确测度金融稳定程度成为学者关注的重要问题。代表性的金融稳定测度指标是1999年国际货币基金组织和世界银行提出的"金融稳定指标体系(FSI)"，以宏观数据评价各国的金融稳定状况。虽然该指标体系为各国判断金融稳定状况提供了依据，但是多个宏观指标测度金融稳定可能会出现两个问题：一是多个指标使得整体金融稳定状况评估较为困难；二是金融不稳定虽然表现在宏观层面，却根源于微观经济主体，以宏观经济金融指标测度金融稳定状况可能会出现时滞，当宏观经济金融指标出现异常时，金融动荡已经出现。因此，利用微观数据建立多层级的金融稳定指数体系，有助于及早发现系统性金融风险及其来源，早期加以阻断，防止风险传递到宏观层面，避免金融和经济体系动荡，对于中国的金融稳定状态的早期识别具有重要的实践意义。从理论视角分析，已有许多文献从微观层面分析金融不稳定产生的原因，但是金融稳定测度则更多地运用宏观经济指标，理论分析与实证测度指标不完全一致，使用微观数据生成微观金融稳定指数，能够使金融稳定的理论与测度方法更好地契合。

　　本书在现有金融稳定理论支撑下，分析金融不稳定在微观经济主体上的映射机制，揭示国内外经济冲击、内生脆弱性以及金融创新对微观经济主体的影响及其在财务指标上的表现。以此为基础，筛选出能够反映中国金融稳定状况的78组实体企业、商业银行、证券公司财务指标，根据数据特点分别运用近因子方法和动态因子方法生成三个层次13个微观金融稳定指数：第一层次的中国微观金融稳定指数；第二层次的部门微观金融稳定指数，包括企业部门微观金融稳定指数、银行部门微观金融稳定指数以及证券部门微观金融稳定指数；第三个层次的微观金融稳定子指数，包括企业偿债能力指数、企业经济冲击指数、企业金融化指数、商业银行偿债能力指数、商业银行经济冲击指数、商业银行金融创新指数、证券公司偿债能力指数、证券公司经济冲击指数以及证券公司金融创新指数。

对三个层次的微观金融稳定指数进行分析显示:2008—2018年间中国金融整体稳定,在三个部门中银行体系最为稳健,证券部门金融创新风险、企业部门受到经济冲击的风险以及企业部门偿债能力风险是影响中国金融稳定的主要原因。线性和非线性格兰杰因果检验显示,微观金融稳定指数体系能够线性或者非线性预测中国金融市场波动,是具有前瞻性的金融稳定测度指标。本书的创新在于将金融稳定的理论与其测度贯通,多层次、多角度测度了中国金融稳定状况。

除了对中国金融稳定状况进行测度,本书还对20世纪80年代以来中国的金融稳定状况进行了梳理,分析了中国金融稳定的现状并提出保持中国金融稳定的对策,针对2020年开始出现的新冠疫情影响全球金融稳定的新现象,进行了探讨。

目　录

第一章　文献综述

第一节　影响金融稳定的因素及机制文献综述

从已有的金融稳定文献发展脉络可以看出,20 世纪以来全球四次大规模的金融危机,对金融稳定理论的发展起到了推动作用,学者对金融稳定影响因素的分析日益深入,更加具有现实解释能力。已有的文献主要从三个方面分析金融不稳定的原因。

一、国内外经济冲击加剧金融不稳定

大量已有文献认为国内外经济冲击(包括经济周期)引发企业和金融机构流动性和偿债能力的变化,加剧金融不稳定。

(一)经济周期性波动影响金融稳定

Fisher(1933)的"债务—通货紧缩理论"认为,出现在经济繁荣时期"负债过度"和经济萧条时期的"通货紧缩"是金融市场产生动荡的根本原因;Allen 和 Gale(1998,2004)对 D-D 模型做了修正,认为银行挤兑与宏观经济萧条相关;刘金全等(2015,2016)通过实证研究发现在繁荣和紧缩状态下,经济增长对金融机构脆弱性和金融稳定有非对称的影响。

(二)宏观经济状况和政策影响金融稳定

Gaies et al.(2019)认为发展中国家汇率稳定、实际经济增长有助于减少

发展中国家银行危机的发生。在国内,陈守东(2010)认为宏观经济状况和宏观调控政策对银行体系脆弱性有非线性的影响;戴钰(2010)认为宏观经济状况对银行体系脆弱性有影响;朱太辉(2019)探析了实体经济的债务扩张、债务收缩、债务供给和债务需求影响金融体系稳定的理论机制和具体路径。

二、金融体系具有内生脆弱性

已有文献对于金融体系内生脆弱性的来源有两种不同的分析。

(一)金融机构高负债特点和偿债能力引发金融脆弱性

其中具有代表性的文献包括:Minsky(1982)的"金融脆弱性假说"认为金融繁荣一段时间之后,银行的资金会大量流入投机类企业和庞氏企业,使得金融体系内生脆弱;Diamand & Dybvig(1983)的"金融挤兑模型(D-D 模型)"认为金融中介在为经济提供流动性的同时带来了银行挤兑风险;Kregel(1997)的"安全边界说"认为在经济繁荣时期银行家发放贷款的安全边界降低,金融脆弱性加剧;Houben et al.(2004)认为金融合约的不确定性产生了金融的内在脆弱性;Gorton(2010),Ricks(2016),Eric Tymoigne(2016),Biondi & Zhou(2019)都认为金融体系和金融机构自身的特点加剧金融脆弱性,国内学者刘春航(2012)也认同金融机构具有内生不稳定性的观点。

(二)金融体系内生的信息不对称引发金融脆弱性

Bernanke & Gertler(1990),Johnston et al.(2000)认为在信贷市场上贷款人与借款人的信息不对称引发金融脆弱性;Banerjee(1992), Caplin & Leahy(1994),Lee(1998),Chari & Kehee(2003)认为在信息不对称的情况下,金融市场上的"羊群效应"导致金融脆弱性;Mishkin(1996)认为银行挤兑是由信息不对称以及存款人"囚徒困境"博弈产生的,金融体系具有内在脆弱性;Corsetti et al.(1999)认为道德风险加剧了亚洲地区的金融脆弱性,引发金融亚洲危机。黄金老(2001)认为金融市场上的脆弱性主要来源于资产价格的波动性及其联动效应,信息不对称对两个市场上的脆弱性起着根源性作用。

三、金融自由化和金融创新影响金融稳定

(一)金融自由化对金融稳定有负面影响

20 世纪 80 年代的发展中国家债务危机和 1997 年的亚洲金融危机,使得部分经济学家将发展中国家的金融动荡归因于金融自由化,形成了针对发展中国家的金融稳定理论。Diaz-Alejandro(1985)认为金融自由化加剧了拉丁美洲国家的金融波动;Wilmarth(2003)认为金融自由化会促使银行向证券市场和房地产市场扩张,加剧银行系统的脆弱性。

(二)金融创新加剧金融不稳定

2007 年美国次贷危机爆发后,大量文献从金融创新和管制放松的角度分析了影响金融稳定的因素。Orlowski(2008)认为高杠杆的信用创造活动、不受监管的衍生金融工具加剧了市场风险,导致了资产价格的紊乱和金融危机;Berger et al.(2009)认为银行竞争鼓励银行业冒险以增加回报,从而增加银行的风险;Mittnik & Semmler(2014)认为金融机构的高杠杆率会引致金融脆弱性;Du & Palia(2018)认为在金融危机前大量回购协议增加了金融机构的风险;Yin(2019)研究发现国外银行进入会增加信贷风险和银行倒闭的风险,威胁东道国的金融稳定。

第二节　金融稳定测度方法

金融稳定测度文献体现出测度指标多元化的特点,金融稳定的测度主要通过关键指标法和指数法实现。

一、关键指标法

1999 年由国际货币基金组织和世界银行向成员国推荐的"金融稳定指标体系",包括反映银行体系、金融市场和宏观经济在内的 40 个指标。As-pachs-Bracons et al.(2007)认为银行违约率上升(用"银行违约距离"反映)或

者是银行盈利率下降(用"银行部门股票价格"反映)可以用来衡量金融脆弱性。Roumani et al.(2016)年发现公司的财务指标与金融脆弱性密切相关,可以用来反映一国金融脆弱性水平。戴钰(2010)用存款变化、GDP 增长率、CPI 增长率、储蓄增长率、各项贷款增长率来反映银行体系的脆弱程度,在此基础上通过对金融体系稳定程度的判断,对银行体系的稳定性赋予 1 或 0 的值;徐璐、钱雪松(2013)用资产回报率、资本资产比重、资产回报率标准差构建金融稳定性指标衡量银行体系的脆弱性;陈梦根(2014)梳理了衡量金融脆弱性的关键指标体系。

二、指数法

现有文献通过生成金融稳定指数、金融状况指数、金融压力指数或者金融脆弱性指数测度金融稳定状况,大多数金融稳定测度指数包括长短期利率、汇率、房地产价格、股票市场价格、风险贴水以及 FSI 核心指标。合成金融稳定指数代表性的方法包括以下四种:

(一)主观赋权法

伍志文(2002)通过主观赋权、映射化处理、再加权得出金融系统脆弱性综合指数;MacDonald et al.(2018)通过等权重的方法确定各指标的权重。

(二)熵权法

张兵等(2009)通过熵权法为 20 个金融指标赋予权重合成江苏省农村金融的金融脆弱性指数;黄德春等(2015),连英祺等(2020)运用熵权法确定权重,测算了中国金融脆弱性指数和金融稳定综合指数。

(三)主成分分析法

Morales & Estrada(2010),杨晓东(2012),刘金全等(2015)运用主成分分析法合成美国、中国金融系统脆弱指数;王娜等(2017)运用 HP 滤波和主成分分析法构建了中国的金融稳定指数;刘慧悦等(2017),谷慎(2019)利用宏观经济金融指标通过主成分分析法构建了中国金融稳定指数;刘金全(2019)将主成分分析法与动态 CRITIC 赋权法结合构建了具有时变权重的中国金融稳定指数。

(四)因子及动态因子法

利用因子分析法构建金融脆弱性指数或者金融稳定指数的文献主要有：Brave & Butters(2011)，Buitron et al.(2011)运用因子分析法生成了测度金融稳定的金融状况指数；朱敏(2011)，谢正发等(2016)运用因子分析法合成了中国的金融脆弱指数；刘叶等(2016)运用因子分析法构建了金砖国家的金融脆弱性指数；张波(2019)运用因子分析法得出了综合性中国金融稳定指数。以动态因子法构建金融稳定指数和金融脆弱性指数的代表性文献有：万晓莉(2008)采用动态因子法和宏观金融指标生成了中国金融脆弱性指数；周德才(2019)运用混频动态因子模型方法生成公因子作为中国金融稳定指数。

第三节　文献评述与本书可能的创新

一、文献评述

从已有的金融稳定文献发展脉络可以看出，金融危机的爆发和传播推动了金融稳定理论的发展，20世纪以来全球四次大规模的金融危机，对金融稳定理论的研究产生了推动作用，使学者对金融稳定影响因素的分析日益深入，更加具有现实解释能力，对金融稳定的认识从金融体系外部的各种冲击发展到关注金融体系内生的风险。上述文献主要从原因和路径两个方面阐释了金融不稳定的生成机制。

(一)金融稳定文献评述

1.已有文献深入分析了影响金融稳定的因素

上述文献分析显示，金融不稳定的原因可以归为三大类：一是国内外经济冲击(包括经济周期)引发企业和金融机构流动性和偿债能力的变化；二是金融机构与实体企业高负债、信息不对称等特点导致的金融体系内生脆弱性;三是金融自由化、金融创新活动导致的企业及金融机构高杠杆、高风险金融活动产生金融的不稳定。

2.已有文献研究了引发金融不稳定的路径

文献研究显示,上述因素影响金融稳定的路径主要包括三条:一是通过影响金融机构的偿债能力和流动性,引发系统性金融波动;二是首先影响实体企业的盈利能力和偿债能力,进而导致金融机构的流动性下降、偿债能力减弱,引发金融体系不稳定;三是通过金融市场金融资产价格波动,引起实体企业和金融机构资产负债表变化,导致金融体系流动性问题和偿债能力降低,最终出现金融不稳定。

(二)金融稳定测度文献评述

金融稳定测度文献中无论是关键指标法还是指数法,测度指标都包括大量的宏观经济指标和宏观金融指标,如经济增长率、通货膨胀率、货币供应量变化、金融资产价格、房地产价格等。由于指数法能够从总体上多角度测度金融稳定,因此指数法是测度金融稳定的主要方法。在指数合成方法上,逐渐由早期的主观赋权法向客观赋权法转变,主成分分析法和因子分析法是最常见的金融稳定指数合成方法。

(三)已有研究存在的不足

上述文献分析显示,金融不稳定文献大多从微观层面分析金融不稳定产生的原因:企业负债过高、金融机构过度放贷、金融机构高风险行为、经济波动导致企业偿债能力减弱等。但是金融稳定测度的文献大多数利用宏观经济金融指标测度金融稳定程度,仅有少数文献(Aspachs-Bracons et al.,2007;Roumani et al.,2016)运用微观数据测度金融稳定。

金融稳定理论与大多数的金融稳定测度文献停留在两个不同层面:金融稳定理论侧重于微观视角,而金融稳定的测度更多使用宏观数据,金融稳定理论研究与实证测度指标之间的契合程度仍有改进的空间。有鉴于此,本研究旨在弥补已有研究的不足之处,通过以微观数据测度金融稳定使得金融稳定的测度与理论相对应。

二、本书可能的创新

(一)增强金融稳定理论与其测度统一性

本书尝试在金融稳定理论支撑下,筛选出能够体现金融稳定的微观财务数据,根据这些数据的特点,运用适当的方法生成微观金融稳定指数,由于微观数据变化相比于宏观金融形势变动更早、更敏感,因此微观金融稳定指数理论上应该更具前瞻性。此外,与金融稳定理论的微观视角相对应,利用微观数据测度金融稳定,使得金融稳定的理论与测度贯通,有助于更好地理解和验证金融稳定理论。

(二)多部门、多视角、多层次的微观金融指数体系

根据金融不稳定产生的不同原因、所在的不同部门,本书构建了三个层级共计 13 个微观金融稳定指数,多方面、多角度测度了金融稳定状况。多层次的微观金融稳定指数体系有助于金融监管机构全面监控金融稳定状况,准确识别金融不稳定的原因及其所在部门。

第二章
微观金融稳定指数构建的理论基础

前述文献研究显示,金融不稳定根源于微观经济主体[①]的经济活动,因此金融不稳定首先体现在微观经济主体的财务状况上,通过分析微观经济主体的财务指标可以识别金融不稳定的程度和原因。根据影响金融稳定的三类因素,本章从三个方面阐述金融稳定在微观经济主体财务指标上的传导和映射机制,以此作为构建微观金融稳定指数的理论支撑。

第一节　金融稳定在微观经济主体上的
映射机制分析

一、国内外经济冲击对微观经济主体财务状况的影响机制

如图 2-1 所示,无论是来自国内还是国外的经济冲击,都首先影响微观经济主体,再传导到宏观经济层面。

（一）国内外经济波动对微观经济主体财务状况的影响机制

1.国外经济波动对国内微观经济主体财务状况的影响

当国外发生经济波动时,国外进口需求下降,国外企业信用风险上升,

[①]　本文中的微观经济主体指实体企业和金融机构,不包括家庭部门。

其对国内产品需求减少;短期内,国内企业产品供给过剩,会出现企业存货增加、存货周转率下降、应收账周转天数增加的情况,国内企业资产管理效率降低,导致企业盈利能力的下降。

2. 国内经济波动对微观经济主体财务状况的影响

国内经济波动则直接影响对国内企业产品的需求,进而影响企业的盈利能力和资产管理效率;企业盈利能力和资产管理能力的降低会增加企业的信用风险,从而影响金融稳定。

(二)国外金融波动对微观经济主体财务状况的影响机制

当国外出现金融波动时,这种波动会通过两个渠道影响国内企业和金融机构。

1.汇率渠道

当国外出现货币贬值为特征的国际收支波动时,国内企业出口商品的外币价格上升,国内产品出口减少,国内企业存货周转率、应收账款周转率和盈利能力都会下降;金融机构以该种外币形式持有的金融资产也会贬值,使得国内金融机构的投资收益降低、盈利能力指标恶化。

2. 金融资产价格渠道

当国外资本市场和衍生金融工具价格下跌时, 国内金融资产价格可能

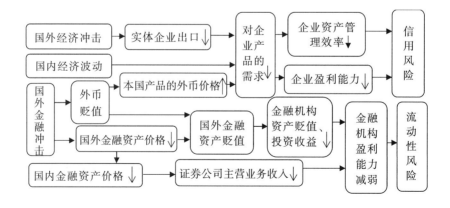

图 2-1 经济、金融冲击对企业和金融机构财务状况的影响机制

随之波动,导致证券公司的主营业务收入降低、盈利能力下降,商业银行也可能会因为持有国外或者国内金融资产而导致资产损失和投资收益的减少。金融机构盈利能力的降低会导致金融机构信用风险和流动性风险的升高,金融稳定程度因此降低。

二、金融内生脆弱性在企业和金融机构财务指标中的映射机制

金融内生脆弱性对企业和金融机构财务状况的影响机制如图 2-2 所示,通过实体企业和金融机构两个渠道影响金融稳定和微观经济主体的财务状况。

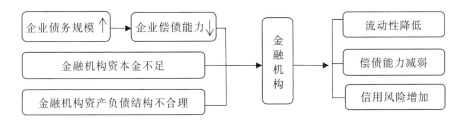

图 2-2 金融脆弱性在企业和金融机构财务指标上的体现与传导机制

(一)金融脆弱性在实体企业财务指标中的映射机制分析

虽然被称为"金融内生脆弱性",但根据 Minsky(1982)对金融脆弱性产生机制的阐述,金融脆弱性的实质是企业的短期或者长期偿债能力不足而给金融机构带来的风险——伴随着金融繁荣,银行的资金流入投机型企业和庞氏企业,使得金融体系的风险增加,产生金融脆弱,这种由企业偿债能力引发的金融脆弱性会影响到金融机构的偿债能力和流动性。当企业偿债能力降低时,金融机构的不良贷款增加、流动性降低、偿债能力减弱。因此,金融脆弱性引发的金融不稳定可以从其源头即实体企业的偿债能力得到体现。

(二)金融机构内生脆弱性的财务指标映射机制

由于金融机构业务具有高负债的特点,其资本充足状况、资产负债结构都会影响金融机构自身的信用风险和承压能力,由于金融机构之间交叉资产持有,商业银行自身信用风险指标也是金融脆弱性的体现。

三、金融创新对企业和金融机构财务状况的影响机制

(一)金融机构金融创新活动对其财务状况的影响

在发展中国家,金融创新对金融稳定的不利影响主要表现为:伴随着金融自由化改革和金融管制放松,金融机构和企业的高风险金融操作、高杠杆金融活动增加。商业银行为了获取更高的利润,减少传统的存贷款业务,增加高风险的投资活动,特别是持有大量以投资为目的的金融资产和房地产;证券公司杠杆率上升,高风险投资增加,中国的证券公司规避金融监管的主要领域在资管业务,因此资管业务的快速发展可以看作是中国证券公司规避金融监管的重要体现。

(二)金融创新对企业财务状况的影响

值得注意的是,这种金融管制放松所带来的金融风险不仅仅表现在金融机构中,还表现在企业的财务报表中,随着金融管制的放松,企业可能会增加金融资产的持有,如果企业持有的投资性金融资产和房地产规模越大,其面临的金融风险就越大,一旦金融资产价格下跌,将会给企业造成损失,加剧企业信用风险,影响金融稳定。所以实体企业持有的交易性金融资产、衍生金融资产、投资性房地产的变化也是衡量金融管制放松、金融创新增加的指标。

第二节　微观金融稳定指数体系的构成及其特点

国内外的已有文献和上述理论分析都表明,金融稳定程度能够通过企业、金融机构的财务指标得到反映,可以利用这些微观经济主体的财务指标构建微观金融稳定指数。为了能够更好地体现金融不稳定的来源,可以分部门、按金融不稳定原因分类构建微观金融指数,基于前述分析,本文构建的多层次微观金融稳定指数指数体系如图2-3所示,包含三个层次共13个指数:一个中国微观金融稳定指数、三个部门金融稳定指数以及九个微观金融稳定子指数。

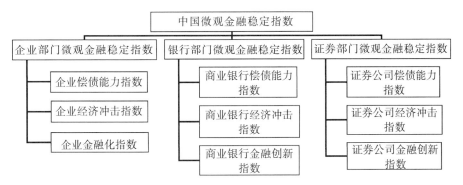

图 2-3 多层次微观金融稳定指数体系图示

一、微观金融稳定指数体系的构成

(一)中国微观金融稳定指数及部门微观金融稳定指数

中国微观金融稳定指数测度中国整体的金融稳定状况。三个部门指数分别为:企业部门微观金融稳定指数,测度实体企业的金融稳定状况;银行部门微观金融稳定指数,测度商业银行体系的金融稳定状况;证券部门微观金融稳定指数,测度证券机构的金融稳定状况。

(二)微观金融稳定子指数

九个子指数分别为:企业偿债能力指数,测度企业偿债能力不足导致的金融风险;企业经济冲击指数,测度国内外经济周期性波动和经济冲击对企业信用风险的影响;企业金融化指数,测度实体企业金融化带来的风险;商业银行偿债能力指数,反映金融机构的偿债能力和承压能力;商业银行经济冲击指数,测度国内外经济金融周期和波动对商业银行稳定性的影响;商业银行金融创新指数,测度商业银行从事金融创新对金融稳定的影响;证券公司偿债能力指数,衡量证券公司的内部脆弱性;证券公司经济冲击指数,衡量证券公司受到经济金融冲击而出现的风险;证券公司金融创新指数,衡量证券公司规避金融监管从事高风险金融活动的风险。

这里需要说明的是,在构建微观金融稳定指数时并没有将保险机构的数据纳入,这是因为:从理论上分析,保险公司的收益来自费用差收益和投资收益两个方面,其对投资收益的依赖程度相对较少,保险投资以安全性较高的金融产品为主,其金融风险较小;从实践角度看,在 1998 年亚洲金融危机、2008 年的美国次贷危机中受到冲击最大的是商业银行、储蓄机构和投资银行或者证券公司。

二、微观金融稳定指数体系的特点

相对于以宏观指标构建金融稳定指数,从理论上分析微观金融指数体系具有以下三个特点:

(一)能够更准确地测度出金融脆弱性

金融脆弱性存在一定的隐蔽性,正如 Minsky(1982)研究中所述,金融脆弱性在金融繁荣时期增加,并且主要体现在企业的偿债能力中。传统的宏观金融稳定指数都由金融指标生成,只有在宏观金融状况恶化时才会出现指数下行的情况,难以及时反映金融脆弱性。而微观金融稳定指数构建时,在金融脆弱性理论的基础上,通过测度企业偿债能力的变化,能够更早、更准确地反映出一国整体的金融脆弱程度。

(二)能够体现金融不稳定产生的原因和存在的部门

微观金融稳定指数体系基于不同的部门及原因构建,通过生成并分析企业部门、银行部门、证券部门分别由内在金融脆弱性及偿债能力、内外部经济冲击以及金融创新相关的微观金融稳定指数,能够清晰地了解到出现金融不稳定的部门、判断金融不稳定产生的原因。从监管角度,微观金融稳定指数的这一特点,使得金融监管部门及时准确应对局部金融风险,避免局部金融不稳定升级为系统性金融不稳定。

(三)具有更强的金融危机预警能力

微观金融稳定指数体系利用微观经济主体的财务数据,其变化早于宏观金融数据,当某一部门中大多数微观经济主体的财务指标出现同向变化时,就意味着该部门的金融稳定状况出现了改变。因此,由微观经济主体财务指标生成的微观金融指数,在金融风险仍处于微观层面,没有上升到宏观经济,没有出现系统性金融风险前就体现出金融稳定形势的变化,理论上能够早期预测金融波动,具有更强的金融波动预警能力。

第三章 微观金融稳定指数构建

第一节 构建金融稳定指数的指标选择

如前所述,金融不稳定能够映射在实体企业和金融机构的财务指标上,根据金融不稳定的来源和部门,分别构建企业部门、银行部门和证券部门的微观金融稳定指数,每个部门微观金融稳定指数又包含反映金融不稳定原因的三个子指数。由于实体企业、商业银行和证券公司的横截面不同、财务指标有差异,因此分别筛选实体企业、商业银行和证券公司三个不同部门的财务指标分别反映内生不稳定、经济周期不稳定、金融创新引发的不稳定。

一、企业部门微观金融稳定指数及其子指数的构建指标

(一)构建企业偿债能力指数的指标

企业短期偿债能力财务指标、长期偿债能力指标可以及早地反映金融体系的内生脆弱性。构建企业部门偿债能力指数时,可以通过"流动资产比""流动比率""速动比率""现金比率""经营活动产生的现金流量净额/负债合计""流动负债/负债合计"反映企业短期偿债能力,前五个比率越高,"流动负债/负债合计"越低,企业的短期偿债能力越强,金融越稳定。以"资产负债率""产权比率""净资产负债率"作为测度长期偿债能力指标,这三个比率越低,企业的长期偿债能力越强,金融稳定程度越高。

(二)构建企业经济冲击指数的指标

反映经济冲击和周期性波动的企业财务指标可以用来构建企业经济冲击指数:第一类指标是企业资产管理效率指标,包括"应收账款周转率""应收账款周转天数""存货周转率""存货周转天数""流动资产周转率""应付账款周转天数""总资产周转率",当大量企业的资产管理效率降低时,意味着经济增长减缓或者受到外部经济冲击,金融不稳定性增加;第二类是企业盈利能力指标和收益能力指标,"销售毛利率""营业利润率""税前利润率""净利润率"反映企业的盈利能力,"净资产收益率""每股收益扣除""总资产报酬率"反映企业的收益能力,企业盈利和收益能力降低,意味着经济出现波动、金融不稳定性增加。

(三)构建企业金融化指数的指标

虽然自身不从事金融创新活动,但是实体企业持有的投资性金融资产规模、企业股票的市盈率、企业的融资规模却能够反映金融体系受管制程度和实体企业金融化程度。"以公允价值计量且其变动计入当期损益的金融资产的增量""交易性金融资产增量""投资性房地产增量"能够反映实体企业所持有的、以投资为目的的金融资产规模及其变化,"财务费用率"能够反映实体企业融资规模,"市盈率"是反映金融泡沫化的重要指标。当金融管制放松、金融创新活跃时,企业持有的投资性金融资产和房地产增长加快、财务费用率升高、市盈率上升,金融不稳定性上升。

(四)构建企业部门微观金融稳定指数的指标

基于上述分析,企业部门的金融不稳定主要由上述三种因素引发,构建企业部门微观金融稳定指数由前述所有企业部门的财务指标共同构建。

二、银行部门微观金融稳定指数及其子指数的构建指标

(一)构建商业银行偿债能力指数的指标

反映商业银行资产负债结构、抵御外部冲击能力的财务指标,可以用于

构建商业银行偿债能力指数："经营活动产生的现金流量净额/负债合计""短期资产流动性比率"反映商业银行的流动性和抵御挤兑风险的能力,这两个比值越高,商业银行流动性越强、越稳定;"所有者权益/总资产""核心资本/贷款""资本/存款""资本充足率"反映商业银行的资本充足状况,上述比例越高,商业银行资本金越充足,商业银行抵御外部冲击的能力越强;"不良贷款率"反映商业银行承担的信用风险,"单一最大客户贷款比例""对最大10家客户发放的贷款比例"反映商业银行贷款集中度,这三个指标与商业银行的稳定程度呈现负相关关系。

(二)构建商业银行经济冲击指数的指标

可以利用商业银行盈利能力指标和获利能力指标构建商业银行经济冲击指数, 具体包括:"利润总额/营业收入""总资产利润率""营业利润/资本净额""净利润/营业总收入""每股现金流量""总资产周转率""净资产收益率""资产利用率",上述指标下降,意味着商业银行受到经济冲击,金融稳定程度下降。

(三)构建商业银行的金融创新指数的指标

商业银行的资产结构和收入来源能够反映其业务类型和风险, 构建商业银行的金融创新指数时,以"衍生金融资产/资产总额""持有到期的投资/资产总额""可供出售的金融资产/总资产""交易性金融资产/总资产"反映商业银行高风险投资业务对金融稳定的影响;以"非利息收入/营业收入""吸收存款/总负债""净利差及净息差"反映商业银行传统和非传统业务比重。商业银行持有的衍生金融工具、可供出售的金融资产、到期的投资和交易性金融资产越多,说明商业银行投机行为更活跃,金融风险更高;利息收入在营业收入中所占的比重越低、吸收存款在负债中所占比例越低,意味着商业银行的金融创新越多,对传统商业银行业务的依赖程度越低;净利差和净息差越低,商业银行传统的利息收入占比越低、商业银行竞争越激烈,商业银行从事高风险业务的可能性越大,金融稳定程度越低。

(四)构建银行部门微观金融稳定指数的指标

基于上述分析,使用反映商业银行内生脆弱性、经济冲击风险以及金融创新风险的全部指标共同构建银行部门微观金融稳定指数。

三、证券部门微观金融稳定指数及其子指数的构建指标

(一)构建证券公司偿债能力指数的指标

证券公司的偿债能力指标及资本充足率指标可以反映证券公司内生金融脆弱性:"净资本/净资产""净资本/风险准备之和""净资本增长率"反映证券公司的资本充足率及其变化,"货币资金结算备付金之和/资产总计"反映证券公司的流动性,这四个比例越高,证券公司的资本金和流动性越充足,内在脆弱性越低;"经营活动所产生的现金流净额比"反映证券公司的短期偿债能力,"产权比例""净资本/负债""资产负债率""长期股权投资/净资本""长期负债/负债总额"反映证券公司的长期偿债能力,"资产负债率""长期股权投资/净资本""长期负债占比""净资产负债率"越低、"产权比例""净资本/负债"越高,证券公司的长期偿债能力越强。

(二)构建证券公司经济冲击指数的指标

当出现经济周期性波动或者经济冲击时,证券公司盈利水平降低、收入结构发生变化。因此,可以用盈利能力指标和证券公司收入来源指标构建证券公司经济冲击指数,具体包括:"总资产净利率""净资产收益率(加权)""年化净资产收益率""销售净利率""营业利润/营业总收入""总资产周转率""手续费及佣金收入增长""投资收益增长",这些指标降低,说明证券公司受到了经济冲击的影响。

(三)构建证券公司金融创新指数的指标

证券公司的"权益乘数"综合反映证券公司的杠杆率;"利息净收入增长"反映证券融资融券业务规模变化;"资管业务净收入增长"反映资管业务规模变化。证券公司高风险的资管业务及融资融券业务规模越大、杠杆率越高,证券公司的金融创新越活跃,金融稳定程度越低。

(四)构建证券部门微观金融稳定指数的指标

运用测度证券行业金融稳定状况的全部财务指标共同构建证券部门微

观金融稳定指数。

四、中国微观金融稳定指数的构建指标

中国微观金融稳定指数使用上述实体企业、商业银行和证券公司的全部指标构建，旨在反映包括实体企业和主要金融机构在内的中国整体金融稳定程度。

生成多层次微观金融稳定指数的所有指标见表3-1所列。

表3-1　构建微观金融稳定指数的财务指标

	企业部门微观金融稳定指数	银行部门微观金融稳定指数	证券部门微观金融稳定指数
偿债能力指数	流动资产(LAR) 速动比率(SAR) 现金比率(CLR) 短期借款(STL) 流动比率(LAL) 资产负债率(ALR) 产权比率(PRR) 长期借款(LTL) 经营活动产生的现金流量净额/负债合计(CPR) 流动负债/负债合计(LLR) 净资产负债率(NLA)	存贷款比率(DLR) 所有者权益/总资产(ORY) 现金及中央银行存款/总资产(CCC) 核心资本/贷款总额(CLR) 核心资本/存款总额(CDR) 实收资本/总资产(RCC) 资本充足率(CAR) 不良贷款率(NPL) 单一最大客户贷款比例(MCR) 对最大的10家客户发放的贷款比例(TLR) 经营活动产生的现金流量净额/负债合计(CLN)	(货币资金+结算备付金)/资产总计(CPA) 净资本/净资产(NCA) 净资本/风险准备之和(NCR) 净资本增长率(NAG) 净资产同比增长率(NGR) 产权比例(PPR) 净资本/负债(NCL) 资产负债率(SAL) 经营活动所产生的现金流/负债(CLL) 长期股权投资/净资本(LIR) 长期负债占比(LTL)
经济冲击指数	应收账款周转率(RTA) 应收账款周转天数(RTP) 存货周转率(STA) 存货周转天数(STP) 流动资产周转率(LAT)	利润总额/营业收(PFR) 总资产利润率(PAR) 每股现金流量(CLE) 营业利润/资本净额(PRC) 总资产周转率(ZCP) 净利润/营业总收入(NFR)	总资产净利率(ROA) 净资产收益率(加权)(ROE) 年化净资产收益率(NAR) 总资产周转率(TAT) 销售净利率(NSR)

	企业部门微观金融稳定指数	银行部门微观金融稳定指数	证券部门微观金融稳定指数
	销售毛利率(GPR) 营业利润率(OPR) 税前利润率(PRB) 净利润率(NPR) 净资产收益率(NAR) 每股收益扣除(ASR) 总资产报酬率(ARR)	净资产收益率(BRE) 营业利润/营业总收入(PRR)	投资收益增长率(IRI) 手续费及佣金收入(FRI) 营业利润/营业总收入(LRL)
金融化/金融创新指数	以公允价值计量且其变动计入当期损益的金融资产(VFA) 市盈率(MYR) 财务费用率(FFR) 交易性金融资产(TFA) 投资性房地产(REL)	衍生金融资产/总资产(DFC) 可供出售的金融资产/总资产(SFC) 持有到期的投资/总资产(MFC) 交易性金融资产/总资产(FIT) 净利差(NIS) 净息差(NRS) 非利息收入/营业收入(ICT) 吸收存款/负债总额(DCR)	权益乘数(QYC) 利息净收入(IIC) 资管业务净收入(AMR)

第二节　微观金融稳定指数体系构建

由于 2007 年中国调整了会计准则,为了保证数据统计口径的一致性,本研究选择 2008—2018 年 A 股上市公司的季度财务数据生成中国微观金融稳定指数,其中包括:2261 家实体企业、16 家商业银行和 30 家证券公司,上市公司财务数据均来自万德数据库,对于少数缺失的数据通过上交所、深交所和中国证券业协会网站上相关企业和金融机构的披露的财务报表进行补充,无法通过上述来源获得的个别数据通过线性插值法予以填补。

近因子模型形式可以表示为:在构建部门的微观金融稳定指数时,根据样本特点,选择两种方法构建不同部门的微观金融稳定指数。企业部门微观金融稳定指数构建涉及到 A 股上市的 2261 家实体企业 2008—2018 年的季度数据,样本量大,选择适用于大样本的近因子方法(Bai & Ng,2002[60])提取公因子;商业银行和证券公司的微观金融稳定指数构建时使用的数据样本量相对较小,选择适合小样本的动态因子方法提取公因子。

一、微观金融稳定指数构建方法

(一)近因子法

近因子模型形式可以表示为:

$$X_{it}=\lambda_i F_t+e_{it} \tag{1}$$

$$i=1,\dots,N \qquad t=1,\dots,T$$

其中 X_{it} 第 i 个横截面在 λ_t 时刻的观测值,F_t 是向量荷载,e_{it} 是共同因子,是 X_{it} 的异质成分。

1.公因子估计

对于任意的数 k,λ^k 的上标代表 k 公因子个数, λ^k 和 F^k 通过下述方程,可以得出

$$V(k)=\min_{A,F^k}(NT)^{-1}\sum_{i=1}^{N}\sum_{t=1}^{N}(Xit-\lambda_i^k F_t^k)^2 \tag{2}$$

在 Bai & Ng(2002)分别给出了 T<N 和 T>N 情况下两种不同的估计方法。由于使用近因子方法的企业数据 $T=44$,$N=2261$ 因此本文选择适用于 T<N 的公因子估计方法。

T<N 时,式(2)的最优化问题是识别 $tr(F^k(XX')F^k)$,因子矩阵的估计以 $\tilde{F}^k$ 表示,是 $\sqrt{T}$ 乘以 XX' 的 k 个最大特征值相关的特征向量。给定 $\tilde{F}^k$,$\tilde{A}^k=(\tilde{F}^{k'}\tilde{F}^k)^{-1}\tilde{F}^{k'}X=\tilde{F}^{k'}X/T$ 是因子荷载的相关矩阵。

2.因子个数确定

Bai & Ng(2016)提出 PC、IC、AIC 原则确定公因子个数,但是 PC 原则中的因子个数依赖于 $min(N,T)$,容易导致在大样本中公因子个数随着横截面或者时期数的增加而上升,影响减元效果。因此本文选择 Ahn & Horenstein (2013)[61]年提出的以特征值率(ER)和增长率(GR)估计值确定因子个数。

K 为因子个数,则:

$$ET(k) \equiv \frac{\tilde{\mu}_{NT,k}}{\tilde{\mu}_{NT,k+1}} \tag{3}$$

$$GR(k) \equiv \frac{ln(1+\tilde{\mu}^*_{NT,k})}{ln(1+\tilde{\mu}^*_{NT,k+1})} \tag{4}$$

其中 $k=1,2,...,kmax$,$\tilde{\mu}^*_{NT,k}$ 为样本矩阵的特征值。

$$V(k) = \sum_{j=k+1}^{m} 1+\tilde{\mu}_{NT,k+1} \tag{5}$$

$$\tilde{\mu}^*_{NT,k+1} = \tilde{\mu}_{NT,k}/V(k) \tag{6}$$

则因子个数的估计值为

$$\tilde{k}_{ER} = \max_{1 \leq k \leq kmax} ER(k) \tag{7}$$

$$\tilde{k}_{GR} = \max_{1 \leq k \leq kmax} GR(k) \tag{8}$$

因子个数 k 的估计值是 $ER(k)$ 和 $GR(k)$ 的最大值。

(二)动态因子法

动态因子模型可以表示为:

$$X_t = \lambda(L)f_t + e_t \tag{9}$$

$$f_t = \psi(L)f_{t-l} + \eta_t \tag{10}$$

其中 N 为横截面数,X_t 和 e_t 为 N×1 维向量,f_t 为动态因子,f_t 和 η_t 为 q×1 维向量,q 是动态因子数,L 为滞后算子,$\lambda(L)$ 是荷载矩阵。

在动态因子的估计方法上选择 Chamberlain 和 Rothschild(1983)[61]的主

成分方法,在 X_t 满秩并且平稳的条件下,动态因子 $\tilde{f_t}$ 的最小二乘估计为:

$$\tilde{f_t}=N_{-1}\tilde{\Lambda}X_t \qquad (11)$$

其中 $\tilde{\Lambda}$ 为 X_t 的协方差矩阵最大的 q 个特征值对应的特征向量。公因子个数以 AIC 原则确定。

二、微观金融稳定指数体系的指数合成

(一)企业部门微观金融稳定指数及其子指数的合成

1.企业微观金融稳定子指数的合成

企业的微观金融稳定子指数合成分为三步。

第一,对所有指标数据进行季节调整和标准化处理,由于部分指标存在零以及负值,季节调整选择 TRAMO-SEATS 方法。

第二,将每个指标在(2)式基础上用近因子主成分估计法估计因子矩阵,根据(3)(4)计算 ER 和 GR,以 ER 或者 GR 值作为公因子个数 k,大多数估计中 $\tilde{k}_{ER}=\tilde{k}_{GR}$,当 $\tilde{k}_{ER}\neq\tilde{k}_{GR}$ 时,选择 $\tilde{k}_{ER}$ 和 $\tilde{k}_{GR}$ 值中较大的一个作为公因子个数,各指标公因子个数如表 3-2 所示。

第三,选取 k 个最大特征值,以特征值贡献率作为权重,通过(12)式合成每个指标的指数。

$$AI_{et}=\sum_{i=1}^{k} W_i*ECF_{it} \qquad (12)$$

其中 AI_{et} 对应表 3-1 中企业的各个财务指标,q=1,2,……,28,t=1,2,……,44,k 为通过 GR、ER 原则确定的公因子个数,i=1,2,……,k,AI_{et} 表示一束企业财务指标指数,是各个财务指标面板数据提取的公因子,以公因子对应的因子特征向量贡献率作为权重 W_i。

表3-2 企业财务指标公因子个数估计结果（样本数99484）

变量	ER	GR	变量	ER	GR	变量	ER	GR	变量	ER	GR
流动资产 (LAR)	1	1	速动比率 (SAR)	3	3	现金比率 (CLR)	2	2	流动比率 (LAL)	2	2
经营活动产生的现金流量净额/负债合计 (CPR)	1	1	流动负债/负债合计 (LLR)	2	2	资产负债率 (ALR)	2	2	产权比率 (PRR)	2	2
净资产负债率 (NLA)	2	2	应收账款周转率 (RTA)	3	3	应收账款周转天数 (RTP)	2	2	存货周转率 (STA)	2	2
存货周转天数 (STP)	2	2	流动资产周转率 (LAT)	2	3	销售毛利率 (GPR)	2	3	营业利润率 (OPR)	2	2
税前利润率 (PRB)	2	2	净利润率 (NPR)	2	2	净资产收益率 (NAR)	2	2	总资产报酬率 (ARR)	2	2
总资产周转率 (ATR)	5	4	应付账款周转天数 (PRD)	4	4	每股收益扣除 (ASR)	3	3	市盈率 (MYR)	2	2
财务费用率 (FFR)	2	2	交易性金融资产 (TFA)	1	1	以公允价值计量且其变动计入当期损益的金融资产 (VFA)	5	5	投资性房地产 (REL)	7	7

第四,将表 3-1 中对应企业偿债能力指数、企业经济冲击指数和企业金融化指数对应的三组 AI_{et} 分别按照动态因子方法提取公因子 EAI_{nit},按照(13)式分别合成实体企业的三个金融稳定子指数,指数值越大,金融稳定程度越高。

$$EI_{et}=\sum_{i=1}^{k} W_i * EAI_{nit} \tag{13}$$

其中 $n=1,2,3,k$ 为公因子数,EI_{nt} 为一束企业微观金融稳定子指数。W_i 为权重,以公因子对应的因子特征向量贡献率确定。

2.企业部门微观金融稳定指数合成

将反映企业部门微观金融稳定状况的全部 28 个指标生成的指数时间序列,再次运用动态因子方法提取公因子,通过(14)式合成企业部门微观金融稳定指数,该指数值越大,金融稳定程度越高。

$$EI_t=\sum_{i=1}^{k} W_i * EAI_{nit} \tag{14}$$

其中 EI_t 为企业部门微观金融稳定指数,EAI_{kt} 为全部 AI_{qt} 提取的公因子,W_i 为按照因子特征向量贡献率确定的权重。

(二)商业银行和证券公司金融稳定指数的合成

1.商业银行和证券公司微观金融稳定子指数的合成

商业银行和证券公司金融稳定子指数合成的步骤如下。

首先,用 TRAMO-SEATS 方法对数据进行季节调整,对每一个指标数据进行一阶差分,确保所有商业银行和证券公司的指标时间序列平稳。

其次,利用动态因子主成分方法估计每一个指标的公因子矩阵,根据特征值贡献率确定动态因子数 q,以特征值贡献率作为权重,通过(15)(16)式将每个指标合成指数。

$$AI_{bt}=\sum_{i=1}^{q} W_i * BCF_{it} \tag{15}$$

$$AI_{st}= \sum_{i=1}^{q} W_i*SCF_{it} \qquad (16)$$

其中 AI_{bt} 和 AI_{st} 分别对应商业银行和证券公司的财务指标，$b=1,2,\cdots\cdots$，28，$s=1,2,\cdots\cdots,22$，t 为时点，$t=1,2,\cdots\cdots,44$，q 为特征值的方差贡献率确定的公因子个数，$i=1,2,\cdots\cdots,q$，W_i 是根据公因子对应的特征向量贡献率确定的权重，AI_{bt} 是一束商业银行财务指标对应的指数，AI_{st} 是一束证券公司财务指标对应的指数，BCF_{it} 和 SCF_{it} 分别为商业银行和证券公司财务指标提取的公因子，商业银行和证券公司对应指标的共因子数如表 3-3 所示。

最后，在对 AI_{bt} 和 AI_{st} 分别对应的三组指标进行正向化和适度化处理后，再次按照动态因子方法提取公因子 BAI_{nbt}、SAI_{nit}，将商业银行和证券公司的指标指数按照(17)(18)式合成对应的商业银行及证券公司金融稳定指数，指数值越大，表示金融越稳定。

$$BI_{st}= \sum_{i=1}^{q} W_i*BAI_{nit} \qquad (17)$$

$$BI_{st}= \sum_{i=1}^{q} W_i*BAI_{nit} \qquad (18)$$

表3-3　商业银行和证券公司财务指标公因子个数估计结果

指标名	公因子数	指标名	公因子数	指标名	公因子数	指标名	公因子数
资本充足率 (CAR)	9	所有者权益/总资产 (ORY)	9	核心资本/存款总额 (CDR)	10	不良贷款率 (NPL)	7
净资产收益率 (BRE)	6	核心资本充足率 (CLR)	2	存贷款比率 (DLR)	9	非利息收入/营业收入 (ICT)	5
单一最大客户贷款比例 (MCR)	10	交易性金融资产/总资产 (FIT)	7	现金及中央银行存款/总资产 (CCC)	9	持有到期的投资/总资产 (MFC)	9
实收资本/总资产 (RCC)	9	对最大的10家客户发放的贷款比例 (TLR)	8	经营活动产生的现金流净额/负债合计 (CLN)	9	营业利润/营业总收入 (PRR)	8
净利差 (NIS)	7	净利润/营业总收入 (NFR)	8	每股现金流量 (CLE)	9	净息差 (NRS)	6
总资产周转率 (ZCP)	5	总资产利润率 (PAR)	4	利润总额/营业总收入 (PFR)	7	可供出售的金融资产/总资产 (SFC)	10
营业利润/资本净额 (PRC)	6	吸收存款/负债总额 (DCR)	6	衍生金融资产/总资产 (DFC)	6	营业利润/营业总收入 (PRR)	8
证券公司 (样本数 1320)							
长期负债占比 (LTL)	12	长期股权投资/净资本 (LIR)	12	净资产同比增长率 (NGR)	10	年化净资产收益率 (NAR)	4
净资本增长率 (NAG)	10	资产负债率 (SAL)	11	产权比例 (PPR)	11	总资产利润率 (ROA)	9
净资本/风险准备之和 (NCR)	10	净资本/负债 (NCL)	11	(货币资金+结算备付金)/资产总计 (CPA)	11	总资产周转率 (TAT)	5
净资本/净资产 (NCA)	13	经营活动所产生的现金流净额/负债 (CLL)	5	手续费及佣金收入 (FRI)	2	利息净收入 (IIC)	2
投资收益增长率 (IRI)	11	销售净利率 (NSR)	11	资管业务净收入 (AMR)	12	资管业务净收入 (AMR)	9
主营业务比率 (MBR)	13	净资产收益率 (加权) (ROE)	7			权益乘数 (QYC)	10

其中 BI_{nt} 和 SI_{nt} 分别为商业银行和证券公司的金融稳定指数，$n=1,2,3$，q 为公因子个数，BAI_{nit}、SAI_{nit} 为各组商业银行财务指标提取的公因子，各组证券公司财务指标提取的公因子。

2.银行部门和证券部门微观金融稳定指数的合成

银行部门和证券部门的部门微观金融稳定指数运用动态因子方法生成，首先通过动态因子法提取公因子，分别将反映商业银行金融稳定程度和证券公司金融稳定程度的指标指数按照(19)(20)式合成银行部门微观金融稳定指数和证券部门微观金融稳定指数，指数值越大，表示金融越稳定。

$$BI_t = \sum_{i=1}^{q} W_i * BAI_{it} \tag{19}$$

$$SI_t = \sum_{i=1}^{q} W_i * SAI_{it} \tag{20}$$

BI_t 和 SI_t 分别为银行部门微观金融稳定指数和证券部门微观金融稳定指数，BAI_{it} 为各组商业银行财务指标提取的公因子，SAI_{it} 各组证券公司财务指标提取的公因子。W_i 为权重，q 为公因子个数。

(三)中国微观金融稳定指数的合成

中国微观金融稳定指数包括的 78 个指标 2008—2018 年的季度数据，从样本规模看使用动态因子方法分析构建指数更为恰当，CAI_{it} 是 78 个财务指标指数 AI_{it} 提取公因子，按照(21)式合成银行部门微观金融稳定指数和证券部门微观金融稳定指数，指数值越大，表示金融越稳定。

$$FI_t = \sum_{i=1}^{q} W_i * CAI_{it} \tag{21}$$

FI_t 为中国微观金融稳定指数，W_i 为权重，q 为公因子个数。

第四章 微观金融稳定指数体系分析

按照上述方法和指标分别生成中国微观金融稳定指数、三个部门微观金融稳定指数和九个微观金融稳定子指数,通过对比分析各个微观金融稳定子指数和部门指数,能够明确微观金融稳定指数的变化及特征。

第一节 中国微观金融稳定指数体系分析

一、中国微观金融稳定指数分析

图4-1中的中国微观金融稳定指数反映了中国整体的金融稳定状况,2008年至2018年间中国金融体系较为稳定:2008年第一季度至2011年第四季度中国微观金融稳定指数为负值,但呈现上升趋势,结合当时的国际形势可以判断中国金融稳定受到2008年国际金融危机的冲击,但2008年后逐步恢复;2012年第一季度至2018年第四季度中国的金融体系仅有短期小幅波动,没有出现大幅金融动荡。

二、部门微观金融稳定指数及其分析

(一)企业部门微观金融稳定指数及其分析

如图4-2所示,样本区间内企业部门的微观金融稳定指数走势可以分为三个阶段:第一阶段,国外金融危机冲击阶段(2008年第一季度至2012年

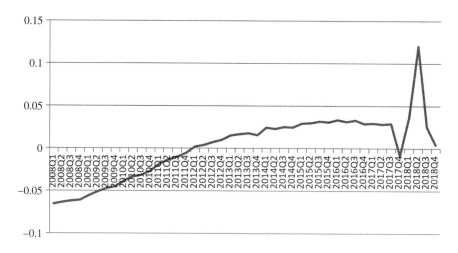

图 4-1　中国微观金融稳定指数

第一季度),这一阶段中国企业部门微观金融稳定指数处于负值但呈现上升趋势,表明美国次贷危机的负面影响和中国企业的金融不稳定性随着时间推移逐渐减小;第二阶段,经济金融稳定阶段(2012 年第二季度至 2015 年第四季度),这一阶段企业金融稳定指数的特点是指数值稳定上升达到样本期间内的峰值;第三阶段,企业金融风险上升阶段(2016 年第一季度至 2018 年第四季度),这一阶段的特点是企业部门金融稳定指数缓慢下降。

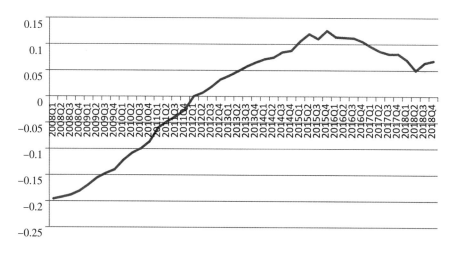

图 4-2　企业部门微观金融稳定指数

(二)银行部门微观金融稳定指数及其分析

图 4-3 显示,商业银行的金融风险状态总体较小,中国的银行体系较为稳健,在样本区间内银行部门微观金融稳定指数的波动趋势可以分为两阶段:第一阶段,国外金融危机冲击阶段(2008 年第一季度至 2009 年第三季度),这一阶段体现了中国商业银行受到国际金融冲击并恢复稳定的过程;第二阶段,银行部门金融稳定阶段(2009 年第四季度至 2018 年第四季度),这一阶段银行部门金融稳定指数较为平稳,说明中国银行体系较为稳定。

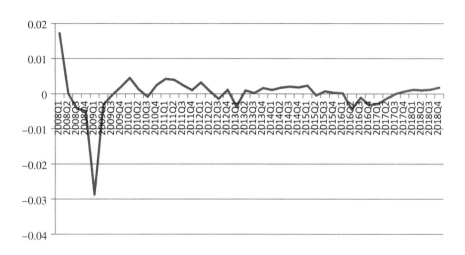

图 4-3　银行部门微观金融稳定指数

(三)证券部门微观金融稳定指数及其分析

图 4-4 显示,证券部门微观金融稳定指数的波动经历了以下三个阶段:第一阶段,国外危机冲击阶段(2008 年第一季度至 2011 年第四季度),2008 年第一季出现了该指数在样本区间内的最低值,其后逐步回升,2010 年第一季度指数值再次降至负值,负向波动持续至 2011 年第四季度,从时间上看,这次两次负向波动与 2008 年国际金融危机以及 2010 年欧债危机有关。第二阶段,金融稳定阶段(2012 年第一季度至 2015 年第二季度),这一阶段证券部门微观金融稳定指数转为正值并逐步升高,证券部门金融风险较小,

证券系统较为稳定。第三阶段,金融风险上升阶段(2015 年第三季度至 2018 年第四季度),2015 年第三季度证券部门微观金融稳定指数出现了快速下跌,迅速由最高点跌至负值,说明证券公司的金融风险在短期内急剧上升,2016 年第一季度证券部门微观金融稳定指数降至 2009 年以来的最低点,2016 年第二季度证券部门微观金融稳定指数开始回升,直到 2018 年第四季度,指数值一直接近 0 值上下小幅波动。

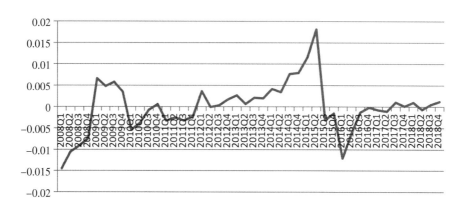

图 4-4 证券部门微观金融稳定指数

三、微观金融稳定子指数及其分析

(一)企业微观金融稳定子指数及其分析

如图 4-5 所示,企业的三组微观金融稳定子指数有着不同的曲线形状和相似的波动趋势,说明不同时期影响企业金融稳定的因素及强度并不相同。

在 2008 年至 2011 年由于受到全球金融危机的影响,企业的三个微观金融稳定子指数均处在较低水平。

2012 年之后,三个企业微观金融稳定子指数的分化加大。在三个子指数中,波动幅度最大、对金融稳定负向影响时间最长的是企业金融化指数,在 2008 年第一季度至 2014 年第三季度该指数一直为负值,表明企业的金融创新和投机性金融交易活动在这一时期对金融稳定产生了不利的影响,特别

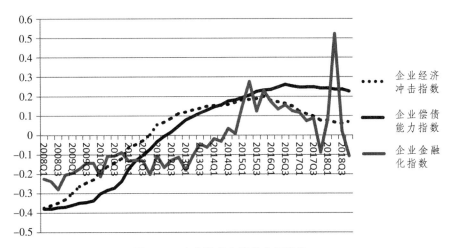

图 4-5 企业微观金融稳定子指数

是 2012 年第二季度至 2015 年第一季度之间,企业金融化指数低于其他两个子指数,说明这一阶段企业的金融创新和金融交易风险是影响企业部门金融稳定的最主要因素。

2016 年起,企业经济冲击指数和偿债能力指数均缓慢下降,企业经济冲击指数下降速度快于偿债能力指数。在 2018 年第一季度至 2018 年第三季度之间企业的经济冲击指数下降速度较快,说明这一时期经济冲击成为影响实体企业金融稳定的最主要因素。

(二)商业银行微观金融稳定子指数及其分析

图 4-6 显示,除了在 2008—2009 年之间出现较大幅波动外,商业银行的三个微观金融稳定子指数整体较为平稳,说明中国商业银行体系总体较为稳定。

商业银行的三个微观金融稳定子指数中偿债能力指数和金融创新指数的变化趋势基本一致,它们在 2009 年第一季度达到最低点,2009 年第二季度至 2012 年第三季度波动上升,2013—2018 年较为平稳。

但是,商业银行经济冲击指数和金融创新指数在大多数时间点上都呈现反向变动,以 2008 年第一季度至 2009 年第一季度全球金融危机时期为例:商业银行的经济冲击指数急剧下降,商业银行经济冲击指数均在 2009 年第

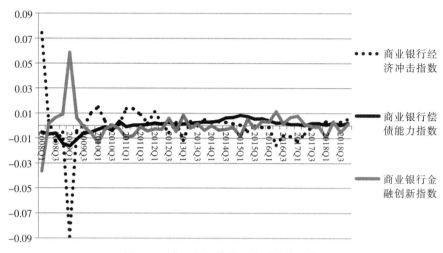

图 4-6　商业银行的微观金融稳定子指数

一季度达到最低点;商业银行金融创新指数则体现出与商业银行经济冲击指数相反的波动方向,从 2008 年第二季度开始快速上升并在 2009 年第一季度达到最高点。这种现象可能是因为出现经济冲击时银行监管部门加强金融监管导致的。例如,2008 年美国次贷危机出现后,银监会立即强化了对商业银行的监管,"全面清理银行及其贷款客户向证券公司违规融资及信贷资金违规流入股市的情况……严禁将房地产不良贷款证券化";2008 年 12 月,银监会印发《银行与信托公司业务合作指引》(银监发〔2008〕83 号)对金融创新活跃的银信合作业务进行规范。

(三)证券公司微观金融稳定指数及其分析

如图 4-7 所示,证券公司偿债能力指数、经济冲击指数以及金融创新指数在样本区间内出现了不同程度的波动。

其中证券公司金融创新指数的波动幅度最大:第一次大幅波动是 2014—2015 年的快速下降,该指数在 2015 年第二季度降至最低点,说明证券公司的杠杆率上升、融资融券规模扩大,证券公司的风险因此上升;第二次大幅波动表现为快速上扬,2015 年第三季度证券公司金融创新指数迅速回升,并

---

① 中国银行业监督管理委员会,《中国银行业监督管理委员会 2008 年报》,第 52 页。

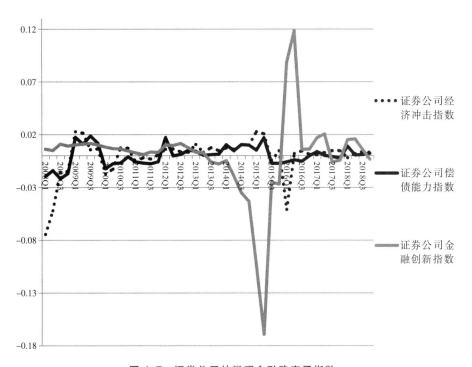

图 4-7　证券公司的微观金融稳定子指数

在 2016 年第二季度上升至样本区间内的峰值,这种变化的主要原因是 2015 年 6—9 月证监会强化了以去杠杆为目的的监管,2015 年 6 月 13 日证监会出台了《关于加强证券公司信息系统外部接入管理的通知》,2015 年 7 月 1 日正式发布《证券公司融资融券业务管理办法》,清除场外配资,收紧融资融券交易。

　　证券公司偿债能力指数和经济冲击指数变化趋势较为接近,但是证券公司偿债能力指数波动幅度小于经济冲击指数,这两个指数在样本区间内出现过三次负值:第一次是 2008 年第一季度至 2009 年第一季度,这次下行波动对应 2008 年的国际金融危机;第二次是 2010 年第一季度至 2011 年第三季度,负向波动持续时间较短且波幅较小,时点上与欧债危机重合;第三次是 2015 年第三季度至 2016 年第四季度,其主要原因是 2015 年监管政策的收紧和股票市场的波动,2015 年第二季度证券市场监管升级导致证券机构杠杆率下降,泡沫成分被挤压,股票价格降低,其后证券公司的偿债能力和盈利能力开始下降,表现为证券公司经济冲击指数和偿债能力指数降低,直至 2016 年第四季度,证券公司的偿债能力指数和经济冲击指数才再次上升并趋近于横轴。

第二节　微观金融稳定指数体系的区制分析

为了进一步分析九个微观金融稳定子指数和三个部门微观金融稳定指数曲线的特征,通过针对微观金融稳定指数体系中每个的微观金融稳定指数的构建自激励门限模型(SETAR)展开进一步分析:

一、微观金融稳定指数体系平稳性检验

在对微观金融稳定指数体系中的 13 个指数建立自激励门限模型之前,首先检验各微观金融稳定指数的平稳性,确保以平稳的时间序列建模。13 个微观金融稳定指数时间序列的 ADF 检验见表 4-1 所列。

表 4-1 显示,中国微观金融稳定指数一阶差分为平稳的时间序列,三个部门微观金融稳定指数全部在 5% 的显著性水平下平稳。在九个子微观金融稳定指数中:企业偿债能力指数 EI_1、商业银行经济冲击指数 BI_2、商业银行金融创新指数 BI_3、证券公司偿债能力指数 SI_1、证券公司经济冲击指数 SI_2 在 1% 的显著性水平下平稳;企业经济冲击指数 EI_2、证券公司金融创新指数 SI_3 在 5% 的显著性水平下平稳;企业金融化指数 EI_3 和商业银行偿债能力指数 BI_1 不平稳,其一阶差分在 1% 显著性水平下平稳。

表 4-1　微观金融稳定指数 ADF 检验

指标名称	t-统计量	P 值
微观金融稳定子指数		
企业偿债能力指数 EI_1	-3.931	0.005
企业经济冲击指数 EI_2	-3.369	0.018
企业金融化指数 EI_3	-1.106	0.705
企业金融化指数一阶差分 $D(EI_3)$	-8.870	0.000
商业银行偿债能力指数 BI_1	-1.693	0.428
商业银行偿债能力指数一阶差分 $D(BI_1)$	-7.356	0.000
商业银行经济冲击指数 BI_2	-7.022	0.000
商业银行金融创新指数 BI_3	-3.841	0.005
证券公司偿债能力指数 SI_1	-4.302	0.001
证券公司经济冲击指数 SI_2	-5.601	0.000
证券公司金融创新指数 SI_3	-3.288	0.022
部门微观金融稳定指数		
企业部门微观金融稳定指数 EI	-3.228	0.025
银行部门微观金融稳定指数 BI	-5.677	0.000
证券部门微观金融稳定指数 SI	-3.822	0.005
中国微观金融稳定指数		
中国微观金融稳定指数 FI	-1.066	0.720
中国微观金融稳定指数二阶差分 $D(FI_1)$	-12.986	0.000

二、微观金融稳定子指数的 SETAR 模型构建及分析

(一)企业微观金融稳定子指数的 SETAR 模型及分析

1.企业偿债能力指数 SETAR 模型构建

利用前述生成的企业偿债能力指数 EI_{1t} 及其滞后项,构建企业偿债能力指数的 SETAR。首先,建立企业微观金融稳定指数 EI_{1t} 的 AR 模型,根据 AIC 原则,确定最优的 AR 模型滞后阶数为 4 阶;其次,分别选择 EI_{1t} 的滞后 1 至

4 阶作为门限变量进行模型参数估计,并计算估计值的残差平方和,选择残差平方和最小的模型形式作为最终的模型。以企业稳定性微观金融指数滞后 2 阶 $EI_{1(t-2)}$ 作为门限变量模型残差平方和最小为 0.000551、Bai-Perron 的 Sup-F 检验显示门限数为 2 个,因此设定企业微观金融稳定指数 EI_{1t} 的 SE-TAR 模型形式如下:

$$\begin{cases} EI_{1t}=c_1+\alpha_1 EI_{1(t-1)}+\alpha_2 EI_{1(t-2)}+\alpha_3 EI_{1(t-3)}+\alpha_4 EI_{1(t-4)}+\varepsilon_1\,, EI_{1(t-2)}<\tau_1 \\ EI_{1t}=c_2+\beta_1 EI_{1(t-1)}+\beta_2 EI_{1(t-2)}+\beta_3 EI_{1(t-3)}+\beta_4 EI_{1(t-4)}+\varepsilon_2\,, \tau_2>EI_{1(t-2)}\geqslant\tau_1 \\ EI_{1t}=c_3+\delta_1 EI_{1(t-1)}+\delta_2 EI_{1(t-2)}+\delta_3 EI_{1(t-3)}+\delta_4 EI_{1(t-4)}+\varepsilon_3\,, EI_{1(t-2)}\geqslant\tau_2 \end{cases} \quad (19)$$

其中 τ_1、τ_2 为门限值。

对式 19 进行估计,估计结果见表 4-2 所列。

表 4-2 企业偿债能力指数 EI_{1t} 自激励门限模型回归结果

第 1 区制 $EI_{1(t-2)}<-0.273$ 8 个观测值			第 2 区制 $0.236>EI_{1(t-2)}\geqslant-0.273$ 23 个观测值			第 3 区制 $EI_{1(t-2)}\geqslant0.236$ 9 个观测值		
变量	参数估计	t 值	变量	参数估计	t 值	变量	参数估计	t 值
C	0.566***	3.925	C	0.048***	8.758	C	−0.119	−1.220
$EI_{1(t-1)}$	0.117	0.348	$EI_{1(t-1)}$	0.618***	3.852	$EI_{1(t-1)}$	0.770**	2.504
$EI_{1(t-2)}$	−0.225	−0.793	$EI_{1(t-2)}$	−0.127	−0.600	$EI_{1(t-2)}$	0.4202	1.045
$EI_{1(t-3)}$	0.709**	2.410	$EI_{1(t-3)}$	0.255	1.378	$EI_{1(t-3)}$	−0.003	−0.008
$EI_{1(t-4)}$	1.839**	2.587	$EI_{1(t-4)}$	0.116	1.086	$EI_{1(t-4)}$	0.278	1.007
			$\bar{R}^2=0.999526$					

注:*** 表示 1% 显著性水平以下显著;** 表示 5% 以下显著性水平显著;* 表示 10% 以下显著性水平显著。

见表 4-2 所列,企业的微观金融稳定指数存在 3 个区制,对应门限值,可以将三个区制分别在理论上界定为金融不稳定区制($EI_{1(t-2)}\geqslant-0.2726804$)、金融较稳定区制($0.2355894>EI_{1(t-2)}\geqslant-0.2726804$)以及金融稳定区制($EI_{1(t-2)}\geqslant0.2355894$)在金融不稳定区制(2008 年第一季度至 2010 年第二季度)滞后 3 期和 4 期的企业偿债能力指数值与当期的企业偿债能力指数值显著正相关,且系数值较大,滞后 4 期的企业偿债能力指数高达 1.839,说明企业在偿债能力方面的金融不稳定有很强的惯性。在金融较稳定区制(2010 年第三季度至 2016 年第一季度以及 2018 年第四季度),滞后 1 期的企业偿债能力指数值与当期的企业偿债能力指数值显著正相关,但系数值小于不稳定区制,说明在企业偿债能力指数较为稳定的情况下,当期的企业偿债能力指数较受到前 1 期指数值的显著正相影响。金融稳定区制(2016 年第二季度至 2018 年第三季度),滞后 1 期的企业偿债能力指数值与当期的企业偿债能力指数值显著正相关,系数值略为 0.77,略大于较稳定区制下的滞后 1 期系数值,说明企业的偿债能力指数稳定和较为稳定状态惯性相对较小。

2.企业经济冲击指数的 SETAR 模型及分析

利用已经生成的企业经济冲击指数 EI_{2t} 及其滞后项构建 SETAR 模型。首先,构建 EI_{2t} 的 AR 模型,通过 AIC 原则确定最优滞后阶数为 4;其次,以 EI_{2t} 及其滞后 1 至 4 阶构建 SETAR 模型,备选的门限变量为 EI_{2t} 滞后 1 至 4 阶,以回归残差平方和最小的原则确定以 EI_{2t} 滞后 2 期为门限变量模型形式,Sup-F 检验显示门限模型为 1 个门限 2 区制模型的模型形式,残差平方和为 0.002006,门限模型的形式如下:

$$\begin{cases} EI_{2t}=c_4+\alpha_5 EI_{2(t-1)}+\alpha_6 EI_{2(t-2)}+\alpha_7 EI_{2(t-3)}+\alpha_8 EI_{2(t-4)}+\varepsilon_4 \ , EI_{2(t-2)}<\tau_3 \\ EI_{2t}=c_5+\delta_5 EI_{2(t-1)}+\delta_6 EI_{2(t-2)}+\delta_7 EI_{2(t-3)}+\delta_8 EI_{2(t-4)}+\varepsilon_5 \ , EI_{2(t-2)}\geqslant\tau_3 \end{cases} \quad (20)$$

其中 τ_3 为门限值。

企业经济冲击指数的门限自回归模型显示,在不同的企业经济冲击状态下,EI_2 呈现出差异化的变化特点。可以将区制 1 和区制 2 分别与企业经济冲击指数的不稳定和稳定区制对应,2008 年第四季度至 2011 年第四季度为金融不稳定区制,2012 年第一季度至 2018 年第四季度为金融稳定区制。见表 4-3 所列,在企业经济冲击指数不稳定区制即区制 1,企业经济冲击指数滞后 4 期 $EI_{2(t-4)}$ 对 EI_2 有显著的正相影响;而在稳定区制,$EI_{2(t-1)}$ 及 $EI_{2(t-4)}$ 均对 EI_2 有显著影响,但是滞后 1 阶的企业经济冲击指数 $EI_{2(t-1)}$ 与 EI_2 正相关且相关系数较大为 1.143,而 $EI_{2(t-4)}$ 与 EI_2 负相关,但是相关系数较小为-0.408。说明相对于金融不稳定区制,金融稳定区制中企业经济冲击指数受到前 1 期正向影响较大,而受到滞后 4 期的影响较小且为负向影响。

表4-3　企业经济冲击指数EI_{2t}自激励门限模型回归结果

第1区制 $EI_{2(t-2)}<0.053$ 14个观测值			第2区制 $EI_{2(t-2)}\geqslant0.053$ 26个观测值		
变量	参数估计	t值	变量	参数估计	t值
C	0.109***	6.349	C	0.008	1.493
$EI_{2(t-1)}$	0.093	0.418	$EI_{2(t-1)}$	1.143***	6.342
$EI_{2(t-2)}$	−0.003	−0.010	$EI_{2(t-2)}$	−0.109	−0.413
$EI_{2(t-3)}$	0.298	1.208	$EI_{2(t-3)}$	0.300	1.238
$EI_{2(t-4)}$	0.682***	2.907	$EI_{2(t-4)}$	−0.408***	−2.832
			$\overline{R}^2=0.996766$		

注:*** 表示1%显著性水平以下显著;** 表示5%以下显著性水平显著;* 表示10%以下显著性水平显著。

3.企业金融化指数的 SETAR 模型及分析

对企业金融化指数 EI_{3t} 的 ADF 检验显示,EI_{3t} 不平稳但其一阶导数 $D(EI_{3t})$ 在1%的显著性水平下平稳,以 $D(EI_3)$ 及其滞后项建立 AR 模型,AIC 原则检验的最优滞后阶数为2阶,以 $D(EI_3)$ 及其滞后1阶和2阶构建 SETAR 模型,以残差平方和最小原则确定门限变量为 $D(EI_{3(t-2)})$,以 F 检验确定门限1个。门限模型形式如下:

$$\begin{cases} D(EI_{3t})=c_6+\alpha_9 D(EI_{3(t-1)})+\alpha_{10}D(EI_{3(t-2)})+\varepsilon_6,D(EI_{3(t-2)})<\tau_4 \\ D(EI_{3t})=c_7+\delta_9 D(EI_{3(t-1)})+\delta_{10}D(EI_{3(t-2)})+\varepsilon_7,D(EI_{3(t-2)})\geqslant\tau_4 \end{cases} \tag{21}$$

其中 τ_4 为门限值。

对式(21)进行估计,结果见表4-4所列,第1区制对应企业金融化指数 EI_{3t} 变动较小的区间,即稳定区间,第2区制对应企业金融创新的变动较大的区间,即不稳定阶段。可以看到在不稳定状态下,企业金融化指数变动显著受到前2期变化值影响,系数值均为负值且数值较大,说明企业金融化指数的不稳定状态较容易发生变化。在第1区制即稳定状态下,当期的企业金融化指数变动显著受到滞后1阶指数值变化的正向影响,意味着稳定状态惯性更强。

表 4-4　企业金融化指数 EI_{3t} 自激励门限模型回归

第 1 区制 $D(EI_{3(t-2)})<-0.013$ 15 个观测值			第 2 区制 $D(EI_{3(t-2)})\geq-0.013$ 26 个观测值		
变量	参数估计	t 值	变量	参数估计	t 值
C	-0.101^{***}	-2.689	C	0.043^{**}	2.150
$D(EI_{2(t-1)})$	0.962^{**}	2.109	$D(EI_{2(t-1)})$	-0.699^{***}	-5.730
$D(EI_{2(t-2)})$	-1.001^{*}	-1.745	$D(EI_{2(t-2)})$	-1.008^{***}	-5.207
			$\bar{R}^2=0.582793$		

注:*** 表示 1% 显著性水平以下显著;** 表示 5% 以下显著性水平显著;* 表示 10% 以下显著性水平显著。

(二)商业银行微观金融稳定子指数的 SETAR 模型构建及分析

1.商业银行偿债能力指数的 SETAR 模型构建及分析

对商业银行偿债能力指数 BI_{1t} 进行单位根检验,检验结果显示 BI_{1t} 的一阶差分是平稳的,以 BI_{1t} 的一阶差分 $D(BI_{1t})$ 建立 AR 模型,AIC 原则显示其最后滞后阶数为 0,再进行门限个数确定的 Sup-F 检验,结果显示 $D(BI_{1t})$ 没有门限效应,即 $D(BI_{1t})$ 不具有门限模型特征。说明 2008 年至 2018 年间,商业银行偿债能力较为稳定,商业银行偿债能力指数较为平稳。

2.商业银行经济冲击指数的 SETAR 模型构建及分析

对商业银行经济冲击指数 BI_2 的 ADF 检验显示 BI_2 在 1% 的显著性水平下平稳。利用 BI_2 构建 AR 模型,AIC 检验显示最有滞后阶数为 4 阶。以 BI_2 及 BI_2 滞后 1-4 阶共同构建自激励门限模型,以 BI_2 滞后 1-4 阶作为备选的门限变量,估计残差平方和,结果显示 $BI_{2(-2)}$ 作为门限变量时,残差平方和最小为 0.001067,以 Sup-F 检验确定门限值个数为 1,即存在两个区制,构建 SETAR 模型形式如下:

$$
\begin{cases}
BI_{2t}=c_8+\theta_1 BI_{2(t-1)}+\theta_2 BI_{2(t-2)}+\theta_3 BI_{2(t-3)}+\theta_4 BI_{2(t-4)}+\mu_1, BI_{2(t-2)}<\tau_5 \\
BI_{2t}=c_9+\gamma_1 BI_{2(t-1)}+\gamma_2 BI_{2(t-2)}+\gamma_3 BI_{2(t-3)}+\gamma_4 BI_{2(t-4)}+\mu_2, BI_{2(t-2)}\geq\tau_5
\end{cases}
\tag{22}
$$

其中 τ_5 为门限值。

表 4–5 商业银行经济冲击指数 BI_{2t} 自激励门限模型回归结果

第 1 区制 $BI_{2(t-2)}<-0.0006$ 15 个观测值			第 2 区制 $BI_{2(t-2)}\geqslant 0.0006$ 25 个观测值		
变量	参数估计	t 值	变量	参数估计	t 值
C	−0.010***	−4.832	C	0.003**	2.102
$BI_{2(t-1)}$	−0.054	−0.767	$BI_{2(t-1)}$	0.334	1.504
$BI_{2(t-2)}$	0.047	0.625	$BI_{2(t-2)}$	−0.266	−0.902
$BI_{2(t-3)}$	−0.150**	−2.070	$BI_{2(t-3)}$	0.008	0.036
$BI_{2(t-4)}$	−0.988***	−12.905	$BI_{2(t-4)}$	−0.061	−0.854
			$\overline{R}^2=0.856910$		

注:*** 表示 1% 显著性水平以下显著;** 表示 5% 以下显著性水平显著;* 表示 10% 以下显著性水平显著。

商业银行经济冲击指数的 SETAR 模型估计结果见表 4–5 所列,第 1 区制对应指数值小于的观测值,可以界定为不稳定区制,不稳定区制中,滞后 3 期和 4 期的指数值对当期值具有显著的负向影响,即在不稳定状态下,商业银行的经济冲击指数会在短期内呈现出反向的变化。处于第 1 区制的时段是 2008 年第三季度至 2009 年第二季度、2015 年第四季度到 2017 年第三季度,另外 2012 第三季度、2013 年第一季度以及 2015 第二季度也处于不稳定区制中。

第 2 区制对应大于等于门限值的区制,从经济学含义上可以归为稳定区制,稳定区制中,BI_2 的滞后项对当期值没有显著的影响,说明商业银行经济冲击指数在稳定区间没有明显的惯性。

3.商业银行金融创新指数的 SETAR 模型构建及分析

ADF 检验显示商业银行金融创新指数 BI_{3t} 在 1% 的显著性水平下平稳,以 BI_{3t} 构建 AR 模型以 AIC 原则确定最优滞后阶数为 4 阶,以 BI_{3t} 及其滞后 1 至 4 阶构建 SETAR 模型,以 $BI_{3t(-1)}$、$BI_{3t(-2)}$、$BI_{3t(-3)}$ 以及 $BI_{3t(-4)}$ 作为备选的门限变量,以残差平方和最小为条件确定门限变量,$BI_{3t(-2)}$ 作为门限变量是回归的残存平方和最小为 0.000461,以 Bai-Perron 的 Sup-F 检验确定门限值个数

为2,即3个区制,确定商业银行金融创新指数的SETAR模型形式如下:

$$\begin{cases} BI_{3t}=c_{10}+\theta_5 BI_{3(t-1)}+\theta_6 BI_{3(t-2)}+\theta_7 BI_{3(t-3)}+\theta_8 BI_{3(t-4)}+\mu_3 \ , BI_{3(t-2)}<\tau_6 \\ BI_{3t}=c_{11}+\beta_5 BI_{3(t-1)}+\beta_6 BI_{3(t-2)}+\beta_7 BI_{3(t-3)}+\beta_8 BI_{3(t-4)}+\mu_4 \ , \tau_7>BI_{3(t-2)}\geq\tau_6 \\ BI_{3t}=c_{12}+\gamma_5 BI_{3(t-1)}+\gamma_6 BI_{3(t-2)}+\gamma_7 BI_{3(t-3)}+\gamma_8 BI_{3(t-4)}+\mu_5 \ , BI_{3(t-2)}\geq\tau_7 \end{cases} \quad (23)$$

对式(23)进行估计,估计结果见表4-6所列。

表4-6 商业银行金融创新指数 BI_{3t} 自激励门限模型回归结

第1区制 $BI_{3(t-2)}<0.0003$ 23个观测值			第2区制 $0.006>BI_{3(t-2)}\geq0.0003$ 9个观测值			第3区制 $BI_{3(t-2)}\geq0.006$ 8个观测值		
变量	参数估计	t值	变量	参数估计	t值	变量	参数估计	t值
C	−0.003***	−2.212	C	−0.005*	−1.984	C	0.010**	3.687
$BI_{3(t-1)}$	−0.190	−1.016	$BI_{3(t-1)}$	0.204	0.706	$BI_{3(t-1)}$	−0.003	−0.031
$BI_{3(t-2)}$	−0.068	−0.244	$BI_{3(t-2)}$	2.669	3.375	$BI_{3(t-2)}$	−0.040	−0.402
$BI_{3(t-3)}$	0.052	0.254	$BI_{3(t-3)}$	0.208	0.730	$BI_{3(t-3)}$	−0.076	−0.821
$BI_{3(t-4)}$	−0.219**	−2.752	$BI_{3(t-4)}$	0.436**	2.221	$BI_{3(t-4)}$	−1.300**	−10.713
			$\overline{R}^2=0.842435$					

注:*** 表示1%显著性水平以下显著;** 表示5%以下显著性水平显著;* 表示10%以下显著性水平显著。

按照门限值的特点,可以将商业银行金融创新指数 BI_{3t} 的三个区制对应为不稳定区制(区制1)、较稳定区制(区制2)和稳定区制(区制3),表4-6显示,在不稳定的区制1中,$BI_{3(t-4)}$ 对当期的商业银行金融创新指数有显著负向影响,但是系数值较小,表明滞后4期指数值对当期值影响程度不大;在较稳定的区制2中 $BI_{3(t-4)}$ 对当期的商业银行金融创新指数有显著正向影响,说明这种较稳定状态有一定惯性;在稳定区制即区制3中 $BI_{3(t-4)}$ 对 BI_{3t} 有显著的负向影响,而且系数值较大,说明商业银行的商业银行金融创新指数在区制3即稳定状态下很难长期保持。

(三)证券公司微观金融稳定子指数的 SETAR 模型构建及分析

1.证券公司偿债能力指数的 SETAR 模型构建及分析

ADF 检验显示证券公司偿债能力指数 SI_{1t} 在 1% 的显著性水平下平稳，构建 SI_1 及其滞后项的 AR 模型，AIC 原则确定的最优滞后阶数为 4 阶。但是在 Bai-Perron 的 Sup-F 显示门限值个数为 0，即证券公司偿债能力指数不存在门限效应。说明证券公司偿债能力指数在不同阶段滞后项与当前值之间的关系较为稳定。

2.证券公司经济冲击指数 SETAR 模型构建及分析

首先对证券公司的经济冲击指数 SI_2 进行平稳性检验，ADF 检验显示 SI_2 在 1% 的显著性水平下平稳，建立 SI_2 的自回归模型，AIC 原则确定的滞后阶数为 3 阶，利用 SI_2 及其滞后 1 至 3 阶构建自激励门限模型，备选的门限变量为 SI_2 的滞后 1 至 3 阶，以方程估计的残差平方和最小的原则确定门限变量，结果显示当 $SI_{2(t-3)}$ 作为门限变量时，残差平方和最小，为 0.002052，因此，以 $SI_{2(t-3)}$，Sup-F 检验确定的门限值个数为 1，即 2 个区制，证券公司的经济冲击指数 SI_2 的模型如下：

$$\begin{cases} SI_2 = c_{13} + \lambda_1 BI_{2(t-1)} + \lambda_2 BI_{2(t-2)} + \lambda_3 BI_{2(t-3)} + \mu_6 , SI_{2(t-3)} < \tau_8 \\ SI_2 = c_{14} + \omega_1 BI_{2(t-1)} + \omega_2 BI_{2(t-2)} + \omega_3 BI_{2(t-3)} + \mu_7 , SI_{2(t-3)} \geq \tau_8 \end{cases} \quad (24)$$

对式 24 的估计结果见表 4-7 所列。

表 4-7 显示，区制 1 的指数值较小，其经济学含义可以理解为证券公司经济冲击指数的不稳定区制，在不稳定区制中，滞后各期对当期值都没有显著影响，说明证券公司经济冲击指数不稳定状态不具有惯性；区制 2 对应证券公司经济冲击指数指较高的观测值，对应于稳定区制，在该区制中 $SI_{2(t-2)}$ 对当期的证券公司经济冲击指数 SI_2 有显著的正向影响且系数值较大，证券公司经济冲击指数滞后 3 期 $SI_{2(t-3)}$ 对当期 SI_2 有显著的负向影响且系数值大于 $SI_{2(t-2)}$，说明相对于经济冲击指数不稳定区制，证券公司经济冲击指数的稳定区制具有更强的惯性，但是其惯性持续 2 期后就会发生变化。

表4–7 证券公司经济冲击指数 SI_{2t} 自激励门限模型回归结果

第1区制 $SI_{2(t-3)}<0.010$ 35个观测值			第2区制 $SI_{2(t-3)}\geqslant0.010$ 6个观测值		
变量	参数估计	t值	变量	参数估计	t值
C	0.004***	2.799	C	0.028	1.443
$SI_{2(t-1)}$	0.166	1.507	$SI_{2(t-1)}$	0.096	0.162
$SI_{2(t-2)}$	−0.015	−0.147	$SI_{2(t-2)}$	2.313***	6.356
$SI_{2(t-3)}$	0.012	0.143	$SI_{2(t-3)}$	−3.075***	−3.420
			$\bar{R}^2=0.572890$		

注:*** 表示1%显著性水平以下显著;** 表示5%以下显著性水平显著;* 表示10%以下显著性水平显著。

此外,证券公司经济冲击指数处于区制1即不稳定区制的观测值大于处于区制2的观测值,仅有2009年第一至第二季度、2013年第一季度、2014年第三季度、2015年第一至第二季度处在区制2中,其余观测值均处于不稳定区制1中,说明证券公司经济冲击指数整体偏低。

3.证券公司金融创新指数SETAR模型构建及分析

ADF检验显示,证券公司金融创新指数 SI_{3t} 在5%的显著性水平下平稳,构建 SI_{3t} 的AR模型,AIC原则确定的滞后阶数为4阶。以 SI_{3t} 的滞后1-4阶作为备选的门限变量,构建 SI_{3t} 及其滞后1-4阶的自激励门限模型,以残差平方和最小作为确定门限变量的原则,确定的门限变量为 $SI_{3(t-4)}$,残差平方和为0.00172,按照Sup-F检验确定的门限值个数为2即3个区制,SETAR模型形式如下:

$$\begin{cases} SI_{3t}=c_{15}+\lambda_4 SI_{3(t-1)}+\lambda_5 SI_{3(t-2)}+\lambda_6 SI_{3(t-3)}+\lambda_7 SI_{3(t-4)}+\mu_8, SI_{3(t-4)}<\tau_9 \\ SI_{3t}=c_{16}+\omega_4 SI_{2(t-1)}+\omega_5 SI_{2(t-2)}+\omega_6 SI_{2(t-3)}+\omega_7 SI_{2(t-4)}+\mu_9, \tau_{10}>SI_{3(t-4)}\geqslant\tau_9 \\ SI_{3t}=c_{17}+\gamma_9 SI_{3(t-1)}+\gamma_{10} SI_{3(t-2)}+\gamma_{11} SI_{3(t-3)}+\gamma_{12} SI_{3(t-4)}+\mu_{10}, SI_{3(t-4)}\geqslant\tau_{10} \end{cases} \quad (25)$$

表4-8显示,证券公司金融创新指数 SI_{3t} 的SETAR模型有三个区制,第1区制对应 $SI_{3(t-4)}$ 小于−0.019的观测值,其经济学含义对应不稳定区制,2014年第三季度至2015年第四季度的观测值处于这个区制中,不稳定区制中当

表4-8　证券公司金融创新指数SI_3自激励门限模型回归结果

第1区制 $SI_{3(t-4)}<-0.019$ 6个观测值			第2区制 $0.003>SI_{3(t-4)}\geq-0.019$ 8个观测值			第3区制 $SI_{3(t-4)}\geq0.003$ 26个观测值		
变量	参数估计	t值	变量	参数估计	t值	变量	参数估计	t值
C	-0.042^{***}	-7.182	C	-0.011^{**}	-2.349	C	0.003	1.152
$SI_{3(t-1)}$	-0.046	-0.921	$SI_{3(t-1)}$	0.991^{*}	1.963	$SI_{3(t-1)}$	0.569^{*}	1.970
$SI_{3(t-2)}$	0.297^{***}	5.538	$SI_{3(t-2)}$	0.498	0.685	$SI_{3(t-2)}$	-0.400	-1.309
$SI_{3(t-3)}$	-0.181^{***}	-3.161	$SI_{3(t-3)}$	0.708	1.381	$SI_{3(t-3)}$	0.062	0.665
$SI_{3(t-4)}$	-0.998^{***}	-13.384	$SI_{3(t-4)}$	0.388	0.250	$SI_{3(t-4)}$	0.078	0.931
			$\overline{R}^2=0.842435$					

注:*** 表示1%显著性水平以下显著;** 表示5%以下显著性水平显著;* 表示10%以下显著性水平显著。

期值和其滞后2-4期有显著的线性关系,但是$SI_{3(t-2)}$、$SI_{3(t-3)}$和$SI_{3(t-4)}$系数符号和系数值大小并不相同,其中对当期值影响最大的是$SI_{3(t-4)}$,方向为负向,表明这种不稳定状况持续时间仅为较短。区制2和区制3分别对应较稳定状态和稳定状态,2011年第二季度、2013年第二季度至2014年第二季度、2017年第三至第四季度以及2018年第四季度的证券公司金融创新指数位于区制2,即较稳定状态;除属于上述两个区制以外的其他观测值均处于区制1即稳定状态下。在较稳定和稳定这两种状态下,SI_{3t}与其滞后1期有显著的正相关关系,表明相对于不稳定状况,稳定和较稳定状态的惯性略大。

(四)微观金融稳定子指数SETAR模型分析结论

通过对企业、商业银行以及证券公司的九个微观金融稳定子指数逐一进行SETAR模型分析,得出以下结论:

第一,企业的三个微观金融稳定子指数大多数观测值处于金融稳定区制中,但是企业微观金融指数在不稳定区制中具有更强的惯性。2008年至2010年间,企业的偿债能力指数、经济冲击指数均处于不稳定区制中,企业金融化指数则在稳定区制和不稳定区制之间频繁转换。

第二,商业银行的三个金融稳定指数中最值得关注的是商业银行金融创新指数及其代表的金融创新活动风险;商业银行的偿债能力指数较为平稳,没有门限效应;商业银行的经济冲击指数大多数观测值处于稳定区制中,不稳定区制观测值主要集中在 2008 年第三季度至 2009 年第二季度、2015 年第四季度到 2017 年第三季度两个时段;商业银行金融创新指数有23 个观测值处于不稳定区制中,主要集中在 2009 年第三季度到 2015 年第三季度之间,表明在商业银行中,影响金融稳定的最主要因素是商业银行的金融创新和高风险投资行为。

第三,证券公司由各类冲击引发的金融风险最为突出。在证券公司的三个微观金融稳定指数中,证券公司的经济冲击指数的大多数(35 个)观测值处于不稳定区制,说明其对应的各类冲击是影响证券公司金融稳定的主要因素。证券公司金融创新指数在 2014 年第三季度至 2015 年第四季度的观测值处于不稳定状态,说明在此期间证券公司的金融稳定程度受到了证券公司高杠杆和证券公司金融创新指数活动的影响。

三、部门微观金融稳定指数的 SETAR 模型构建及分析

(一)企业部门微观金融稳定指数的 SETAR 模型构建及分析

1. 企业部门微观金融稳定指数的 SETAR 模型构建

首先建立企业微观金融稳定指数 EI 的 AR 模型,根据 AIC 原则确定最优滞后阶数为 3 阶,以 EI 原变量及滞后 1-3 阶共同构建门限自激励模型,以 EI 的滞后 1-4 阶作为备选的门限变量,以残差平方和最小作为确定的原则,门限变量确定的门限变量为 EI_{t-4},残差平方和为 0.001389,根据 Sup-F 检验确定模型形式为 2 区制门限模型, SETAR 模型形式如下:

$$\begin{cases} EI_t = c_{18} + \lambda_8 EI_{t-1} + \lambda_9 EI_{t-2} + \lambda_{10} EI_{t-3} + \mu_{11}, EI_{t-4} < \tau_{11} \\ EI_t = c_{19} + \omega_8 EI_{t-1} + \omega_9 EI_{t-2} + \omega_{10} EI_{t-3} + \mu_{12}, EI_{t-4} \geq \tau_{11} \end{cases} \quad (26)$$

2. 企业部门微观金融稳定指数的 SETAR 模型结果分析

对式(26)进行估计,估计结果见表 4-9 所列:

表 4-9　企业部门微观金融稳定指数的 SETAR 模型估计结果

第 1 区制 $EI_{t-4}<0.0842$ 28 个观测值			第 2 区制 $EI_{t-4}\geqslant0.0842$ 12 个观测值		
变量	参数估计	t 值	变量	参数估计	t 值
C	0.012***	5.428	C	−0.037**	−2.352
EI_{t-1}	0.871***	5.232	EI_{t-1}	0.751***	3.510
EI_{t-2}	0.131	0.524	EI_{t-2}	0.602**	2.075
EI_{t-3}	−0.021	−0.138	EI_{t-3}	−0.060	−0.291
$\bar{R}^2$=0.994586					

注:*** 表示 1% 显著性水平以下显著;** 表示 5% 以下显著性水平显著;* 表示 10% 以下显著性水平显著。

表 4-9 显示,企业部门微观金融稳定指数有 2 个区制,从经济学含义上,这两个区制分别对应稳定状态($EI_{t-4}\geqslant0.0842$)和不稳定($EI_{t-4}<0.0842$)状态。在金融不稳定的区制 1 中,企业部门微观金融稳定指数体现出较强的惯性,即当期指数值受到滞后 1 期指数值的显著正向影响;区制 2 中,企业部门微观金融稳定指数与滞后 1 期及 2 期的指数值正相关,但是系数值小于区制 1,表明稳定状态下,企业部门微观金融稳定指数惯性稍弱。

(二)银行部门微观金融稳定指数的 SETAR 模型构建及分析

1. 银行部门微观金融稳定指数的 SETAR 模型构建

ADF 检验显示,银行部门微观稳定指数 BI 在 5% 的显著性水平下平稳,构建 BI 的 AR 模型,AIC 原则确定的滞后阶数为 4 阶。以 BI 的滞后 1-4 阶作为备选的门限变量,构建 BI 及其滞后 1-4 阶的自激励门限模型,以残差平方和最小作为确定门限变量的原则,确定的门限变量为 BI_{t-3},即 BI 滞后 3 阶,按照 Sup-F 检验确定的门限值个数为 2 即 3 个区制,SETAR 模型形式如下:

$$\begin{cases} BI_t = c_{20} + \lambda_{11} BI_{t-1} + \lambda_{12} BI_{t-2} + \lambda_{13} BI_{t-3} + \lambda_{14} BI_{t-4} + \mu_{13} \ , BI_{t-3} < \tau_{12} \\ BI_t = c_{21} + \omega_{11} BI_{t-1} + \omega_{12} BI_{t-2} + \omega_{13} BI_{t-3} + \omega_{14} BI_{t-4} + \mu_{14} \ , \tau_{13} > BI_{t-3} \geq \tau_{12} \\ BI_t = c_{22} + \gamma_9 BI_{t-1} + \gamma_{10} BI_{t-2} + \gamma_{11} BI_{t-3} + \gamma_{12} BI_{t-4} + \mu_{15} \ , BI_{t-3} \geq \tau_{13} \end{cases} \quad (27)$$

2. 银行部门微观金融稳定指数的 SETAR 模型结果分析

银行部门微观金融稳定指数 SETAR 模型回归结果见表 4-10 所列。

表 4-10　银行部门微观金融稳定指数激励门限模型回归结果

第 1 区制 $SI_{t-3} < -2.609E-5$ 15 个观测值			第 2 区制 $-2.69E-5 \leq BI_{t-3} < 8.897E-4$ 7 个观测值			第 3 区制 $BI_{t-3} \geq 8.897E-4$ 18 个观测值		
变量	参数估计	t 值	变量	参数估计	t 值	变量	参数估计	t 值
C	0.001	0.939	C	0.002	1.056	C	6.938E-05	0.062
BI_{t-1}	0.150**	2.357	BI_{t-1}	0.562	1.386	BI_{t-1}	0.326	0.951
BI_{t-2}	0.056	0.855	BI_{t-2}	0.750*	1.976	BI_{t-2}	−0.247	−1.021
BI_{t-3}	−0.032	−0.461	BI_{t-3}	−4.474	−1.394	BI_{t-3}	0.427	0.936
BI_{t-4}	−0.108	−1.656	BI_{t-4}	−1.391***	−8.738	BI_{t-4}	0.131	0.572
$\bar{R}^2 = 0.842435$								

注：*** 表示1%显著性水平以下显著；** 表示5%以下显著性水平显著；* 表示10%以下显著性水平显著。

表 4-10 显示，银行部门微观金融稳定指数的 SETAR 模型有三个区制，第 1 区制对应 BI_{t-1} 小于 −2.609E-5 的观测值，其经济学含义对应不稳定区制，2008 年第三季度至 2009 年第三季度的以及 2016 第二季度至 2017 年第三季度观测值处于这个区制中，区制 1 中滞后 2-4 期对当期值的影响不显著，而滞后 1 期对当期值的影响为正值且在 10%的显著性水平下显著，说明前 1 期的银行部门金融稳定状况对当期有显著的正向影响。区制 2 对应银行部门较稳定状态，2008 年第二季度、2012 年第二季度、2013 年第二至第三季度、2015 年第三季度至 2016 年第一季度以及 2017 年第四季度银行部门都处于较稳定状态；区制 3 对应于银行部门的稳定状态，从 2010 年第一

季度至 2012 年第四季度,2013 年第四季度到 2015 年第一季度以及 2018 年第一季度至第四季度均处在该区制中,这一区制中滞后 1–4 期值对当期值都没有显著的影响。总体分析,在 2008—2018 年间,银行部门微观金融稳定指数的大部分观测值在稳定和较稳定区制中,说明中国银行部门整体较为稳定。在较稳定状态下,BI_{t-2} 与当期值有显著的正相关关系,且系数值较大,而 BI 的滞后 4 期与当期值显著负相关,表明在较稳定状态下,金融稳定指数会 4 期后出现反向变化。在稳定状态下,银行部门微观金融稳定指数的滞后 1–4 期都不会显著影响当期值说明,稳定状态缺乏惯性。在不稳定状态下,银行部门围观金融稳定指数与滞后 1 期值显著正向相关,说明在银行部门不稳定状态具有一定的惯性。

(三)证券部门微观金融稳定指数的 SETAR 模型构建及分析

证券部门微观金融稳定指数 SI 在 5% 的显著性水平下平稳,构建 SI 的 AR 模型,并以 AIC 原则确定其滞后阶数为 1 阶。建立 SI 的 SETAR 模型,以滞后 1 阶作为门限变量,按照 Sup-F 检验确定的门限值个数为 0,因此,证券部门微观金融稳定指数没有门限效应,回归结果显示滞后 1 阶对当期值与显著的正向影响,且系数值较大为 0.560,说明证券部门前 1 期的金融稳定水平对当期金融稳定水平有较大的正向显著的影响。

(四)部门微观金融稳定指数 SETAR 模型分析结论

通过对三个部门的微观金融稳定指数的门限自回归模型分析显示,三个部门金融稳定状况存在差异。

1.企业部门微观金融稳定指数惯性较强

在不同金融稳定状态下,企业部门微观金融稳定指数体现出差异化的特征。企业部门的指数在区制 1 体现出比区制 2 更强的惯性,说明企业部门金融不稳定状态的惯性略高于稳定状态下的关系。总体而言,在样本区间内企业部门处于不稳定状况的观测值更多,且不稳定惯性更强。

2.银行部门较为稳定但稳定状态惯性小

银行部门的门限自回归模型显示银行部门金融稳定指数在不同状态下

存在差异化的变动特征,从系数值、符号和显著性水平上分析,银行部门微观金融稳定指数在样本区间内大多数观测值处于稳定和较稳定状态,因此银行部门在样本区间内较为稳定。在三种状态下,较稳定和不稳定状态具有一定的惯性,但是稳定状态却没有惯性。

3.证券部门微观金融稳定指数不具有门限效应

对证券部门微观金融稳定指数的分析显示,证券部门微观金融稳定指数不存在差异化的变动特征。在样本区间内,证券部门微观金融稳定指数都具有一致的、较强惯性。

四、中国微观金融稳定指数的 SETAR 模型构建及分析

(一)中国微观金融稳定指数的 SETAR 模型构建

ADF 检验显示,中国微观金融稳定指数 FI 的 1 阶差分(DFI)是平稳的时间序列,因此以 FI 的 1 阶差分构建 AR 模型,AIC 原则确定的滞后阶数为 4 阶。以 DFI 的滞后 1–4 阶作为备选的门限变量,构建 DFI 及其滞后 1–4 阶的自激励门限模型,以残差平方和最小作为确定门限变量的原则,确定的门限变量为 DFI_{t-2},即 DFI 滞后 3 阶,按照 Sup–F 检验确定的门限值个数为 2,即存在 3 个区制,SETAR 模型形式如下:

$$\begin{cases} DFI_t = \lambda_{15}DFI_{t-1} + \lambda_{16}DFI_{t-2} + \lambda_{17}DFI_{t-3} + \lambda_{18}DFI_{t-4} + \mu_{16}, DFI_{t-2} < \tau_{14} \\ DFI_t = \omega_{15}DFI_{t-1} + \omega_{16}DFI_{t-2} + \omega_{17}DFI_{t-3} + \omega_{18}DFI_{t-4} + \mu_{17}, \tau_{15} > DFI_{t-2} \geq \tau_{14} \\ DFI_t = \gamma_{13}DFI_{t-1} + \gamma_{14}DFI_{t-2} + \gamma_{15}DFI_{t-3} + \gamma_{16}DFI_{t-4} + \mu_{18}, DFI_{t-2} \geq \tau_{15} \end{cases} \quad (28)$$

(二)中国微观金融稳定指数 SETAR 模型结果分析

表 4–11 显示,中国微观金融稳定指数的 SETAR 模型有 3 个区制,说明在不同微观金融稳定变动状态下,DFI 具有差异化的变动特征。在金融稳定指数变化较大的状态下,即区制 3 中,微观金融稳定指数当期的变化与滞后1–4 阶显著相关,其中与滞后 1 阶和 2 阶负相关,与滞后 3 阶和 4 阶为正相关,说明金融稳定指数变化大的状态下,中国微观金融稳定指数的变化惯性

表 4–11　微观金融稳定指数激励门限模型回归结果

第 1 区制 $DFI_{t-2}<-0.000891$ 24 个观测值			第 2 区制 $-0.000891≤DFI_{t-3}<0.000942$ 9 个观测值			第 3 区制 $DFI_{t-3}≥0.000942$ 5 个观测值		
变量	参数估计	t 值	变量	参数估计	t 值	变量	参数估计	t 值
DFI_{t-1}	−3.305***	−4.803	DFI_{t-1}	−1.226***	−9.015	DFI_{t-1}	−0.448***	−3.765
DFI_{t-2}	−6.435***	−7.620	DFI_{t-2}	−1.122	−0.322	DFI_{t-2}	−0.625***	−8.488
DFI_{t-3}	1.941***	3.516	DFI_{t-3}	0.134	0.149	DFI_{t-3}	0.746***	3.691
DFI_{t-4}	10.723***	9.437	DFI_{t-4}	−1.282	−0.508	DFI_{t-4}	1.159***	5.284
			$\overline{R}^2=0.966952$					

注：*** 表示 1% 显著性水平以下显著；** 表示 5% 以下显著性水平显著；* 表示 10% 以下显著性水平显著。

不强；区制 2 中，当期值仅受到滞后 1 阶的显著负向影响；在金融稳定指数波动小的状态下即区制 1 中，微观金融稳定指数当期的变化与滞后 1 阶和 2 阶显著负相关，与滞后 3 阶和 4 阶显著负相关，并且相关系数大于金融稳定指数大幅波动的状态下对应的系数值，说明在金融稳定指数波动小的状态下，滞后期对当期值的影响更大。

综上所述，中国微观金融稳定指数的 SETAR 模型显示，中国微观金融稳定指数具有差异化的变动特征，其变化惯性不强，短期内易出现波动幅度的反向变动。

第三节　多层次微观金融稳定指数体系对比分析

对比图 4–1 至图 4–7 可以看出中国金融体系整体稳定，但是企业、商业银行和证券公司在同一时期金融稳定的状况不完全相同。

一、中国金融体系整体较为稳定

中国微观金融稳定指数是基于企业、银行和证券三个部门的 78 个财务指标共同构建而成,反映了在样本区间中国整体金融稳定状况。

（一）中国金融稳定指数的波动幅度小

2008—2011 年,中国微观金融稳定指数处于负值,结合当期的国际经济环境,可以判断出中国的金融稳定状况受到美国次贷危机的冲击,中国金融稳定指数最低值-0.066,出现在 2008 年第一季度,其后逐步上升,并在 2012年第一季度转为正值,说明这一时期中国没有出现金融稳定状况急剧下跌和持续恶化,而是在全球金融危机背景下逐渐恢复上升;2012 年第一季度至2017 年第三季度,中国微观金融稳定指数基本保持平稳,2017 年第四季度出现了小幅下降,降幅为 129.674%;样本区间内中国金融稳定指数的最高值为 0.120,出现在 2018 年第二季度,较上一期上升了 232.551%。总体而言,样本区间内中国金融稳定指数较为平稳,没有出现急剧大幅的金融稳定指数下跌。

（二）中国金融稳定指数的波动频率较低

在 2008—2018 年间的共计 44 个观测值中,环比波动浮动超过 100% 的波动仅有四次,且有三次集中在 2017 年第四季度至 2018 年第二季度之间;在 2008 年第一季度至 2017 年第三季度,中国微观金融稳定指数仅仅出现了一次明显的波动。因此,总体而言,中国微观金融稳定指数在样本区间内没有出现频繁的波动。

综上所述,中国微观金融稳定指数在样本区间内波动幅度不大、频率不高,说明中国金融体系在样本区间内整体较为稳定。

二、相对于企业部门和证券部门银行体系最稳定

（一）银行部门的金融稳定指数最为平稳

对比图 4-2 至图 4-4 可以看出:企业部门、银行部门和证券部门微观金融稳定指数的三条曲线中,银行部门的曲线最为平稳,仅在 2008 年第一季度至 2009 年第一季度出现了较大幅度的下行波动,2009 年第一季度银行部门微观金融稳定指数达到样本区间内的最低值-0.029,较样本区间内的最高

值 0.017,最高值相对于最低值的波动幅度为-159.86%;2009 年第一季度后,银行部门微观金融稳定指数逐步上升并在 2009 年恢复至正值,此后银行部门微观金融稳定指数保持在较平稳的状态,没有出现大幅度的下行波动,仅围绕横轴小幅上下波动。

企业部门微观金融稳定指数从样本区间内的 2008 年第一季度最低值-0.196,企业部门恢复至正值所耗费的时间是三个部门中最长的,在 17 个季度后的 2012 年第二季度企业部门金融稳定指数才达到正值,并在 2015 年第四季度后又出现了呈现下降趋势。说明企业部门在样本区间出现了较长期的不稳定和较为明显的下行。

图 4-4 显示,在样本区间内,共出现了三次较为明显的下行波动,分别在 2008 年、2010—2014 年以及 2016 年,其中 2016 年第一季度证券部门微观金融稳定指数降至样本区间内的最低点-0.0121;除了三次下行波动,证券部门微观金融稳定指数还出现了两次快速的上升,分别是 2009 年及 2015 年的第一至第三季度。说明证券部门微观金融稳定指数则呈现出波动幅度和波动频率都较大的特点。

综上所述,银行部门微观金融稳定指数在三个部门中最为平稳,说明中国银行体系在样本区间内相对于企业部门和证券部门更为稳定。

(二)同一时期不同部门的金融稳定存在差异

将三个部门微观金融稳定指数进行对比分析,还能够揭示同一时期金融稳定程度的部门差异,进而识别在某一特定时期金融风险较大的部门。以样本区间为例:2008—2013 年间企业部门、银行部门和证券部门都受到国外金融危机的影响,其中证券公司受到国外金融危机影响冲击波动频率较高,先后在 2008 年和 2010 年两次下行波动,企业部门受到国外金融冲击强度大且持续时间长,银行部门虽然也受到了冲击,但是下行幅度较小,恢复较快,对比这一阶段的三个部门微观金融稳定指数,可以发现企业部门的金融风险最大;2014—2015 年,企业的金融风险减小,商业银行体系也较为稳定,这一阶段三个部门微观金融稳定指数中波动最大的是证券部门微观金融稳定指数,中国的金融体系的风险集中表现为证券部门局部风险;2016—2018 年,影响中国金融稳定的主要因素转变为企业的金融风险上升,表 4-2 至表 4-10 显示在此期间,中国的银行部门和证券部门较为稳定,但是企业部门微观金融稳定指数出现了下行趋势,说明这一时期企业部门的金融风险上升。

三、金融稳定影响因素不断变化

(一)影响金融稳定的因素在不同时期存在差异

图 4-5 至图 4-7 显示,影响金融稳定的因素在不同时期存在差异:2014年至 2015 年影响中国金融稳定的关键因素是证券市场上的高杠杆和金融创新活动,这种风险在 2015 年 6 月股票市场波动之前就已经出现,并不断加剧,2015 年第三季度,证券业的盈利水平也受到影响,出现证券公司经济冲击指数下降的现象;2016—2018 年,图 4-5 中的企业部门偿债能力指数和经济冲击指数呈现下行趋势,这说明企业的盈利和偿债能力均降低,企业金融稳定指数的下行可能在未来导致金融机构的信用风险上升和盈利能力降低。

(二)金融稳定影响因素的效力存在差异

前述分析显示,2008—2018 年间中国金融整体稳定,没有出现系统性金融风险,但是在不同时期出现了局部性金融风险增加、局部金融不稳定的情况。例如,2008—2010 年间企业部门、银行部门及证券部门均出现不同程度的金融波动,2015 年的证券市场波动等。中国金融稳定影响因素的效力在不同时期也不尽相同,在 2008—2010 年以及 2018 年,企业经济冲击指数、偿债能力指数数值相比同期的其他微观金融稳定子指数更小,说明在上述时期企业偿债能力及受到的经济冲击对金融稳定的影响效力最强;在 2014—2015 年间,证券公司金融创新指数值相对于其他微观金融稳定子指数更低,表明这一时期证券公司的金融创新对金融稳定的冲击最大。由此可见,在不同时期金融稳定影响因素的效力存在差异。

第五章 微观金融稳定指数与宏观金融稳定指数的对比分析

为了对宏观和微观金融稳定指数进行对比分析，比较微观金融稳定指数的特点，本文借鉴世界银行和IMF的"金融稳定指标（Financial Soundness Indicators（FSI））"体系，利用FSI指标体系中的部分指标合成了宏观金融稳定指数。

第一节 宏观金融稳定指数构建

一、宏观金融稳定指数的指标选择

1999年由国际货币基金组织和世界银行向成员国推荐的"金融稳定指标"体系中涉及存款金融机构核心指标、存款金融机构鼓励指标、其他金融机构指标、非金融企业指标、家庭指标、金融市场流动性和房地产市场七个方面40个指标。根据数据的可获得性，本文在FSI指标体系中选取了15个宏观指标，利用这些指标2008年至2018年的季度数据，构建宏观金融稳定指数。这15个指标分别是存款性金融机构的核心指标：商业银行资本充足率、商业银行扣除准备金后的不良贷款与资本金比率、商业银行不良贷款率、商业银行资产利润率、商业银行股权收益率、商业银行资本利润率、商业银行流动性比例、净外汇贷款风险敞口/总资产、住户贷款余额占各项贷款余额之比、非金融机构和其他部门贷款余额占各项贷款余额之比、房地产开发贷款占比占各项贷款余额之比、个人住房贷款占各项贷款余额之比、商业银行基准利率利差（1年期）、股票换手率（上海证券交易所）、工业企业资产负债率以及房屋平均销售价格。用于生成宏观金融稳定指数的指标涉及到存款性金融机构的核心指标、金融市场流动性指标、家庭金融指标和房地产金融指标。住户贷款余额占各项贷款余额之比、非金融机构和其他部门贷款余额占各项贷款余额之比是通过人民银行2008—2018年月度"金融机构信贷收支统计"数据计算得出,其他数据均来自Wind数据库。

二、宏观金融稳定指数的生成

(一)数据处理

首先,为了消除数据的季节性波动,对15个时间序列进行季节调整。其次,根据各指标与金融稳定的关系,对数据进行正向化和适度化处理:商业银行扣除准备金后的不良贷款与资本金比率、商业银行不良贷款率、工业企业资产负债率、房屋平均销售价格以及净外汇贷款风险敞口/总资产越高,金融体系的风险越大,金融稳定程度越低,因此对这五个指标进行正向化处理;房地产开发贷款余额/各项贷款余额、个人住房贷款余额/各项贷款余额以及股票换手率过低或者过高都是金融不稳定的表现,因此对这三个指标进行适度化处理,即以指标值与该指标样本区间均值之差的绝对值测度金融稳定,其绝对值越小,金融越稳定。再次,为了消除量纲差异,对所有指标数据进行标准化。最后,动态因子方法要求所有的数据均为平稳数据,对所有数据进行单位根检验,并对不平稳的数据进行一阶查分处理,确保生成指数的数据平稳。

(二)指数生成方法

宏观金融稳定指数的生成利用动态因子方法,如式(9)(10)所示,利用主成分法估计公因子,则宏观金融稳定指数合成公式为:

$$FSI_t = \sum_{i=1}^{q} w_i * F_{it} \tag{29}$$

其中F_{it}为动态因子公因子,w_i为权重,q为公因子个数,因子个数以方差贡献率超过85%确定,权重由方差贡献率占比确定。

第二节 宏观金融稳定指数分析及与微观金融稳定指数的对比

一、宏观金融稳定指数分析

中国2008—2018年的宏观金融稳定指数如图5-1所示,其变化趋势分为四个阶段:第一阶段(2008Q1—2012Q1),这一阶段中国宏观金融稳定指数以负值为主,仅在2009年第一季度至2009年第三季度短暂为正值,这是受到美国次贷危机和欧债危机影响的结果;第二阶段(2012Q3—2013Q4),这一阶段中国宏观金融稳定指数均为正值,且在2013年第二季度达到样本区间内的峰值;第三阶段(2014Q1—2017Q3),这一阶段中国宏观金融稳定指数再次下滑,除了在2015年第一季度至2016年第二季度之外,其他时点的指数值均为负值;第四阶段(2017Q4—2018Q4),宏观金融稳定指数再次上升。

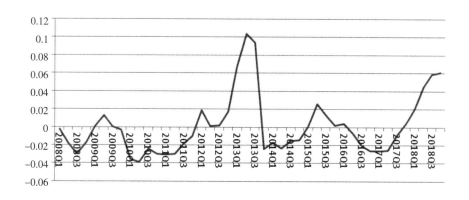

图5-1 宏观金融稳定指数

二、宏观金融稳定指数与微观金融稳定指数的对比分析

为了能够清晰更加地比较宏微观金融稳定指数的特点,对宏观金融稳定指数、中国微观金融稳定指数和三个部门微观稳定指数进行归一化处理,使五个指数的指数值均位于–1–1 之间,但并不影响指数曲线的形状。图 5–2 和图 5–3 显示,宏观金融稳定指数和微观金融稳定指数的波动趋势并不完全一致。

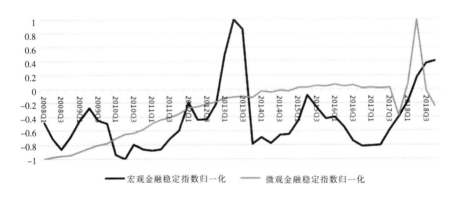

图 5–2 宏微观金融稳定指数对比

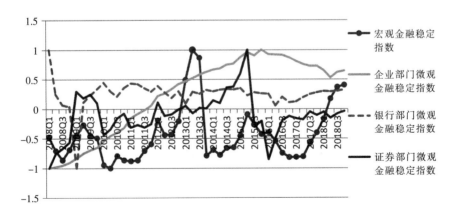

图 5–3 宏观金融稳定指数与部门微观金融稳定指数对比

（一）宏、微观金融稳定指数的相似点

1.宏观和微观金融稳定指数都体现出了国外金融危机的冲击

2008—2012 年,宏观和微观金融稳定指数都经历了由低谷逐步上升的过程,恰好与美国次贷危机和欧债危机发生的时间重合,说明宏微观金融稳定指数都反映出了国外金融危机对中国的冲击,2010 年后两条曲线的上升说明中国金融体系稳定状况逐步回升。

2.宏观金融稳定指数与部门微观金融稳定指数的相似点

在曲线的形状上,宏观金融稳定指数曲线与证券部门微观金融稳定指数曲线最为接近:2013 年第一季度之前,这两个指数都存在同步的上下波动;2013 年第二季度至 2018 年第四季度,宏观金融稳定曲线的峰值和谷值的出现先于证券部门微观金融稳定指数,宏观金融稳定指数于 2013 年第三季度达到样本区间内的最大值,而证券部门微观金融稳定指数则在 2015 年第二季度达到其最大值,而其后谷值的出现证券部门微观指数也滞后于宏观金融稳定指数九个季度。总体而言,宏观金融稳定指数与证券部门微观金融稳定指数波动趋势相近,能够较好地反映证券部门的金融波动,但是没有全面反映其他部门的金融稳定状况。

（二）微观金融稳定指数相对于宏观金融稳定指数的优点

1.微观金融稳定指数能够反映出引发金融不稳定的原因

2008—2011 年间中国金融风险上升的原因显而易见,2014—2015 年中国金融稳定状况恶化的原因却无法通过宏观金融稳定指数识别,但是通过观察微观金融稳定指数却可以判断出金融稳定降低的原因:这一时期实体经济金融风险不高、银行体系也较为稳定;快速下降的证券公司金融创新指数表明,引发这轮金融稳定状况下行的原因是证券公司的金融创新活动,结合生成证券公司创新型金融稳定指数的具体指标,可以判断出证券公司的高杠杆率和大量的融资融券活动是 2014—2015 年金融稳定状况恶化的主要原因。2016—2017 年的宏观金融稳定指数的再次下行仍然无法通过宏观

金融稳定指数自身得到解释,但是通过分析可以看到,这一时期企业的经济冲击指数、商业银行的经济冲击指数以及证券公司的周期金融稳定指数均下行, 说明这一阶段的金融稳定程度降低源自经济的周期性波动。由此可见,微观金融稳定指数能够反映金融风险出现的原因和部门。

2.微观金融稳定指数在反映局部金融风险方面更为敏感

相对于宏观金融稳定指数全面地测度金融稳定状况,微观金融稳定指数更能够测度局部金融风险,相较于宏观金融稳定指数更为敏感。2015年至2018年中国金融体系出现了两次局部的金融动荡,2015年6月至8月中国股票市场出现了大幅度的波动,2018年第二季度、第三季度出现了股权质押风险的加剧。这两次局部金融波动并没有通过宏观金融稳定指数充分体现出来,2014年宏观金融稳定指数曾出现过波动,可能是股票市场波动的先行体现,但是2015年第一至第二季度中国宏观金融稳定指数已经处于上升阶段;2018年中国的宏观金融稳定指数也是处于上升阶段,没有体现出股权质押风险的变化。反观微观金融稳定指数,这两次局部金融波动都通过证券公司金融稳定指数得以反映:2014年第二季度至2015年第二季度证券公司金融创新指数快速下降,前瞻性地反映出2015年的股票市场波动,2015年第三季度到2016年第一季度证券公司金融创新指数虽然上升但仍未负值,说明虽然股票市场波动的影响减弱,但仍在持续;从2018年第二季度开始,中国的股权质押风险上升,证券公司的偿债能力指数和金融创新指数都有所下降,说明证券公司的高杠杆高风险业务增加和偿债能力下降,反映出了股权质押风险。由于这两次局部金融波动都出现在证券市场上,所以证券公司微观金融稳定指数反映出了这两次局部金融动荡,反映出微观金融稳定指数在局部金融风险方面的敏感性。

3.微观金融稳定指数能够更加真实地反映中国的金融稳定状况

通过对比宏微观金融指数可以看出,宏观金融指数在2012年第三季度后快速上升,在2013年第二季度达到最大值后迅速下降,并在2013年第四季度至2017年第二季度之间在较低水平波动徘徊,这一阶段宏观金融稳定指数体现出的金融稳定状态接近于中国遭受美国次贷危机和欧债危机冲击时的低水平。但在现实中,中国在此期间整体金融状况稳定,仅在 2015 年出现了部门性的金融波动,而微观金融稳定指数较真实地反映这一阶段的整体金融稳定状况,同时部门金融指数也较好地刻画了 2015 年的金融波动。因此,微观金融稳定指数能够更加真实地反映中国的金融稳定状况

(三)对比分析结论

通过宏观金融稳定指数和微观金融稳定指数体系的对比分析可以看出,微观金融稳定指数体系与宏观金融稳定指数具有互补性。微观金融稳定指数分部门、按照不同原因的生成指数,由三个部门指数、九个微观金融稳定子指数和一个反映中国金融稳定状况的中国金融稳定指数共同构成,能够识别系统性的金融波动,识别局部金融风险,覆盖面更为广泛,并且能够更准确地反映中国金融稳定状况,而宏观金融稳定指数的优点在于直观和清晰。总体而言,微观金融稳定指数体系是测度和分析金融稳定的全新视角和有益补充。

第六章　微观金融稳定指数金融波动的预警能力检验

如果多层次微观金融稳定指数波动是金融体系动荡的先行指标,说明这些微观金融稳定指数能够预测金融波动,微观金融稳定指数具有实践意义。本章通过线性和非线性格兰杰因果检验判断多层次微观金融稳定指数的预警能力。

第一节　微观金融稳定指数与金融波动的线性格兰杰检验

一、金融波动的代理变量选择

中国的金融市场起步较晚,改革开放以来中国没有出现过系统性金融波动,金融市场中的股票市场对经济和金融形势变化较为敏感,本研究以股票市场价格波动作为反映金融波动的代理变量。股票市场价格数据使用2008年第一季度至2018第四季度上海股票交易所和深圳股票交易所的上证综指和深成指收盘价格的季度数据,数据来源于万德金融终端。

二、股票市场价格指数的季节调整与平稳性检验

对反映金融波动的指标上证综指(SZ)和深成指数(CZ)收盘价进行季节调整,并对上证综指收盘价(后简称上证综指)、深成指数收盘价(后简称深成指)、中国微观金融稳定指数、三个部门微观金融稳定指数以及九个微观

金融稳定子指数进行 ADF 单位根检验,确保时间序列平稳。ADF 单位根检验结果显示上证综指(SZ)和深成指(CZ)的一阶差分为平稳时间序列。中国微观金融稳定指数的一阶差分在 1%显著性水平下平稳;三个部门微观金融稳定指数全部在 5%的显著性水平下平稳。九个子微观金融稳定指数中:企业偿债能力指数 EI1t、商业银行经济冲击指数指数 BI2t、商业银行金融创新指数 BI3t、证券公司偿债能力指数 SI1t、证券公司经济冲击指数 SI2t 在 1%的显著性水平下平稳;企业经济冲击指数 EI2t、证券公司金融创新指数 SI3t 在 5%的显著性水平下平稳;企业金融化指数 EI3t 和商业银行偿债能力指数 BI1t 不平稳,其一阶差分在 1%显著性水平下平稳。在后续的格兰杰线性和非线性格兰杰检验中,均运用平稳的时间序列。

对反映金融波动的指标上证综指(SZ)和深成指数(CZ)收盘价进行季调整,再进行 ADF 单位根检验,检验结果见表 6-1 所列。

表 6-1　SZ 和 CZ 的 ADF 检验结果

变量	T 值	P 值	变量	T 值	P 值
上证综指(SZ)	−2.576307	0.1056	深成指(CZ)	−3.025587	0.0404
上证综指一阶差分(D(SZ))	−6.719062	0.0000	深成指一阶差分(D(CZ))	−6.664850	0.0000

表 6-1 显示,上证综指(SZ)和深成指数(CZ)的一阶差分为平稳的时间序列。

三、线性格兰杰因果关系检验

根据平稳性检验的结果,各层次微观金融稳定指数以平稳的原变量或者一阶差分形式,分别与上证综指的一阶差分、深成指的一阶差分进行线性格兰杰因果检验。格兰杰因果检验的滞后阶数根据 AIC 原则确定,线性格兰杰因果检验的结果见表 6-2 所列。

表 6-2　微观金融稳定指数与股票市场价格波动之间的线性格兰杰检验

零假设	样本数	F 统计量	滞后阶数
中国微观金融稳定指数			
中国微观金融稳定指数变动不会格兰杰引起上证综指变化	41	0.650	2
中国微观金融稳定指数不会格兰杰引起深成指变化	41	0.406	2
部门微观金融稳定指数			
企业部门微观金融指数不会格兰杰引起上证综指变化	42	0.039	1
银行部门微观金融稳定指数不会格兰杰引起上证综指变化	42	3.347*	1
证券部门微观金融稳定指数变动不会格兰杰引起上证综指变化	42	1.445	1
企业部门微观金融指数不会格兰杰引起深成指变化	42	0.147	1
银行部门微观金融稳定指数不会格兰杰引起深成指变化	42	4.675**	1
证券部门微观金融稳定指数不会格兰杰引起深成指变化	42	0.284	1
微观金融稳定子指数			
企业偿债能力指数不会格兰杰引起上证综指变化	41	0.320	2
企业经济冲击指数不会格兰杰引起上证综指变化	41	0.058	2
企业金融化指数变动不会格兰杰引起上证综指变化	41	0.476	2
商业银行偿债能力指数变动不会格兰杰引起上证综指变化	41	0.467	2
商业银行经济冲击指数不会格兰杰引起上证综指变化	42	4.300**	1
商业银行金融创新指数不会格兰杰引起上证综指变化	41	2.096	2
证券公司偿债能力指数不会格兰杰引起上证综指变化	42	3.674*	1
证券公司经济冲击指数不会格兰杰引起上证综指变化	40	1.989	3
证券公司金融创新指数不会格兰杰引起上证综指变化	41	0.822	2
企业偿债能力指数不会格兰杰引起深成指变化	41	1.038	2
企业经济冲击指数不会格兰杰引起深成指变化	41	0.252	2
企业金融化指数变动不会格兰杰引起深成指变化	40	0.106	2
商业银行偿债能力指数变动不会格兰杰引起深成指变化	42	1.017	1
商业银行经济冲击指数不会格兰杰引起深成指变化	42	5.265***	1
商业银行金融创新指数不会格兰杰引起深成指变化	42	3.636*	1
证券公司偿债能力指数不会格兰杰引起深成指变化	42	1.582	1
证券公司经济冲击指数不会格兰杰引起深成指变化	42	1.431	1
证券公司金融创新指数不会格兰杰引起深成指变化	42	1.043	1

注：***、**、*分别表示在 1%、5%和 10%的显著性水平下拒绝原假设。

中国多层级微观金融稳定指数构建及分析

格兰杰因果检验显示，在部门微观金融稳定指数中只有银行部门微观金融稳定指数是上证指数和深成指变化的格兰杰原因。在微观金融稳定子指数中：商业银行经济冲击指数指数、证券公司偿债能力指数是上证综指变动的格兰杰原因；商业银行经济冲击指数指数、商业银行金融创新指数会格兰杰引起深成指变动；其他的微观金融稳定子指数都不会线性格兰杰引起股票市场价格波动。

与股票市场价格指数没有线性格兰杰因果关系，并不意味着这些微观金融稳定子指数或者部门微观金融稳定指数对股票市场价格没有影响，因为微观金融稳定指数与金融波动之间可能存在非线性因果关系，通过非线性因果关系检验，有助于更全面地认识微观金融稳定指数与金融稳之间的关系。

第二节　微观金融稳定指数与金融波动的非线性格兰杰检验

一、非线性格兰杰因果检验的基本思想

Diks 和 Panchenko(2006)发现 Hiemstra 和 Jones(1994)检验(简称 HP 检验)中零假设对 X 和 Z 的条件分布很敏感，因此在 HP 检验基础上提出了 Diks 和 Panchenko(2006)非线性格兰杰因果检验方法(简称 DP 检验)，DP 检验成为最常用的非线性格兰杰因果检验方法，其基本思想如下：

零假设 $H_0:\{X_t\}$ 不会格兰杰导致 $\{Y_t\}$

可以用滞后阶 l_X 以及 l_Y 检验条件独立，即 $Y_{t+1}\left|(X_t^{l_x};Y_t^{l_y})\sim Y_{t+1}\right|Y_t^{l_y}$

其中，$X_t^{l_x}=(X_{t-l_x+1},...,X_t)$，$Y_t^{l_y}=(Y_{t-l_y+1},...,Y_t)$。构建向量 $W_t=(X_t^{l_x},Y_t^{l_x},Z_t)$，其中 $Z_t=(Y_{t+1})$，将 W 简写为 $W=(X,Y,Z)$，令 $l_X=l_Y=1$，则 $W_t=(X_t,Y_t,Y_{t+1})$，零假设意味着

$$q_g=E\left[\left(\frac{f_{X,Y,Z}(X,Y,Z)}{f_Y(Y)}-\frac{f_{X,Y,Z}(X,Y)}{f_Y(Y)}-\right)g(X,Y,Z)\right]=0$$

令 $g(x,y,z)=f_Y^2(y)$，则构建 t 统计量

$$T_n(\varepsilon) = \frac{(n-1)}{n(n-2)} \sum_i (\hat{f}_{X,Y,Z}(X_i,Y_i,Z_i)\hat{f}_Y(Y_i) - \hat{f}_{X,Y}(X_i,Y_i)\hat{f}_{Y,Z}(X_i,Z_i)) \quad (22)$$

在适当的带宽 ε 值下，$\hat{f}_{X,Y,Z}(X_i,Y_i,Z_i)\hat{f}_Y(Y_i) - \hat{f}_{X,Y}(X_i,Y_i)\hat{f}_{Y,Z}(X_i,Z_i))$ 在零假设的概率内趋近于 0。

二、BDS 非线性检验

在检验微观金融稳定指数与股票市场价格之间是否有非线性格兰杰因果关系之前，首先要检验二者之间是否存在非线性特征。由于 VAR 模型过滤掉了变量之间的线性关系，对其残差进行 BDS 检验，可以确定变量之间是否具有非线性关系。

(一)部门微观金融稳定指数相关的 BDS 非线性检验

分别构建各部门微观金融稳定指数与上证综指一阶差分、深成指一阶差分的 VAR 模型，对其残差序列进行 BDS 检验，检验结果见表 6-3 所列。

表 6-3　中国和部门微观金融稳定指数 VAR 残差的 BDS 非线性检验结果

VAR 模型及其内生变量		滞后阶数				
		2	3	4	5	6
中国微观金融稳定指数						
与上证综指 VAR	D(FI)	0.030*	0.082***	0.057*	0.014*	−0.054*
	D(SZ)	0.059***	0.122***	0.149***	0.174***	0.181***
与深成指 VAR	D(FI)	0.039**	0.100***	0.082***	0.046	−0.025
	D(SCZ)	0.025**	0.081***	0.122***	0.145***	0.155***
部门微观金融稳定指数						
企业部门微观金融稳定	EI	0.017	0.027	−0.001	−0.003	0.017
指数与上证综指 VAR	D(SZ)	0.034**	0.104***	0.150***	0.172***	0.176***
银行部门微观金融稳定	BI	−0.001	−0.004	0.040*	0.083**	0.126***
指数与上证综指 VAR	D(SZ)	0.087***	0.169***	0.207***	0.220***	0.220***
证券部门微观金融稳定	SI	0.039*	0.088***	0.120***	0.149***	0.157***
指数与上证综指 VAR	D(SZ)	0.039***	0.100***	0.136***	0.161***	0.168***
企业部门微观金融稳定	EI	0.020*	0.025	−0.003	−0.006	0.012
指数与深成指 VAR	D(SCZ)	0.043***	0.075***	0.106**	0.126**	0.132**

VAR 模型及其内生变量		滞后阶数				
		2	3	4	5	6
部门微观金融稳定指数						
银行部门微观金融稳定	BI	−0.001	−0.004	0.040	0.083**	0.126***
指数与深成指 VAR	D(SCZ)	0.047***	0.090***	0.119***	0.130***	0.124***
证券部门微观金融稳定	SI	0.037*	0.081**	0.109***	0.138***	0.146***
指数与深成指 VAR	D(SCZ)	0.032***	0.068***	0.101***	0.121***	0.128***

注:***、**、* 分别表示在 1%、5% 和 10% 的显著性水平下显著。

表 6-3 显示,在 8 组 BDS 检验中,仅 EI 残差序列的 BDS 检验不显著,BI 残差序列的 DBS 统计量滞后 4-6 阶时在 1%—10% 的显著性水平下拒绝原假设,SI 的残差序列、股票指数一阶差分残差序列的 DBS 统计量则全部在 1%—10% 的显著性水平下显著,说明中国微观金融稳定指数以及三个部门金融稳定指数与股票市场价格指数的波动具有非线性关系。

(二)微观金融稳定子指数的 BDS 非线性检验

以平稳的微观金融稳定指数子指数或其一阶差分分别与上证综指一阶差分、深成指一阶差分构建 18 组 VAR 模型,对其残差序列进行 BDS 检验,检验结果见表 6-4 和表 6-5 所列。

表 6-4 微观金融稳定子指数与上证综指 VAR 模型残差的 BDS 非线性检验

VAR 模型及其内生变量		滞后阶数				
		2	3	4	5	6
企业偿债能力指数与	D(SZ)	0.056***	0.120***	0.151***	0.171***	0.178***
上证综指 VAR	$EI1_t$	0.007	0.025	0.040*	0.065***	0.073***
企业经济冲击指数与	D(SZ)	0.058***	0.116***	0.144***	0.165***	0.172***
上证综指 VAR	$EI2_t$	0.002	−0.004	−0.007	0.011	0.011
企业金融化指数与上	D(SZ)	0.058***	0.116***	0.143***	0.167***	0.173***
证综指 VAR	$D(EI3_t)$	−0.008	−0.001	−0.031	−0.009	−0.061**
商业银行偿债能力指	D(SZ)	0.039***	0.113***	0.157***	0.181***	0.190***
数与上证综指 VAR	$D(BI1_t)$	0.031**	0.086***	0.120***	0.136***	0.146***

续表

VAR 模型及其内生变量		滞后阶数				
		2	3	4	5	6
商业银行经济冲击指	D(SZ)	0.083***	0.166***	0.209***	0.226***	0.231***
数与上证综指 VAR	BI2$_t$	−0.001	−0.004	0.040*	0.083**	0.126***
商业银行金融创新指	D(SZ)	0.088***	0.159***	0.193***	0.200***	0.193***
数与上证综指 VAR	BI3$_t$	0.004	0.032	0.027	0.02	−0.001
证券公司偿债能力指	D(SZ)	0.065***	0.122***	0.152***	0.175***	0.187***
数与上证综指 VAR	SI1$_t$	0.02	0.060**	0.078**	0.081**	0.085***
证券公司经济冲击指	D(SZ)	0.042***	0.087***	0.124***	0.139***	0.138***
数与上证综指 VAR	SI2$_t$	0	−0.006	0.002	0.012	0.023
证券公司金融创新指	D(SZ)	0.072***	0.140***	0.177***	0.206***	0.212***
数与上证综指 VAR	SI3$_t$	0.117****	0.220***	0.280***	0.308***	0.313***

注：***、**、*分别表示在1%、5%和10%的显著性水平下显著。

表6-4显示,在18组残差序列BDS检验中,除了EI2$_t$、BI3$_t$和SI2$_t$这三组残差序列的BDS检验完全不显著以外,其他各组残差的BDS检验都在不同滞后阶数下1%—10%的显著性水平下拒绝原假设,说明微观金融稳定指数与上证综指波动之间存在着非线性的关系。

表6-5　微观金融稳定子指数与深成指 VAR 模型残差的 BDS 非线性检验结果

VAR 模型及其内生变量		滞后阶数				
		2	3	4	5	6
企业偿债能力指数与	D(SCZ)	0.045***	0.076***	0.102***	0.121***	0.130***
深成指 VAR	EI$_{1t}$	0.004	0.013	0.027	0.056**	0.066***
企业经济冲击指数与	D(SCZ)	0.031***	0.064***	0.099***	0.126***	0.139***
深成指 VAR	EI$_{2t}$	0.001	−0.013	−0.014	0.008	0.011
企业金融化指数与深	D(SCZ)	0.025**	0.066***	0.108***	0.133***	0.143***
成指 VAR	D(EI$_{3t}$)	−0.012	−0.002	−0.030	−0.0003	−0.051*
商业银行偿债能力指	D(SCZ)	0.032**	0.092***	0.136***	0.148***	0.162***
数与深成指 VAR	D(BI$_{1t}$)	0.035***	0.0729***	0.108***	0.134***	0.143***
商业银行经济冲击指	D(SCZ)	0.072***	0.140***	0.177***	0.206***	0.212***
数与深成指 VAR	BI$_{2t}$	−0.001	−0.004	0.040*	0.083**	0.126***

VAR 模型及其内生变量		滞后阶数				
		2	3	4	5	6
商业银行金融创新指数与深成指 VAR	D(SCZ)	0.047***	0.080***	0.110***	0.120***	0.114***
	BI₃t	0.002	−0.02	−0.018	−0.02	−0.005
证券公司偿债能力指数与深成指 VAR	D(SCZ)	0.043***	0.078***	0.116***	0.143***	0.157***
	SI₁t	0.023	0.061**	0.076**	0.081**	0.085**
证券公司经济冲击指数与深成指 VAR	D(SCZ)	0.042***	0.081***	0.118***	0.142***	0.150***
	SI₂t	0.036***	0.067***	0.096***	0.124***	0.145***
证券公司金融创新指数与深成指 VAR	D(SCZ)	0.123***	0.233***	0.297***	0.324***	0.335***
	SI₃t	0.037***	0.073***	0.113***	0.137***	0.147***

注:***、**、*分别表示在1%、5%和10%的显著性水平下显著。

表6-5显示,除了 EI_{2t} 和 BI_{3t} 的残差序列 BDS 检验在各滞后阶数下均不显著以外,其他各组残差的 BDS 检验都在不同滞后阶数下1%—10%的显著性水平显著,说明微观金融稳定指数与深成指波动之间存在着非线性的关系。

综上所述,部门微观金融稳定指数、微观金融稳定子指数与股票价格指数变动的 BDS 检验显示,部门微观金融稳定指数及其子指数与股票市场价格指数变动之间存在着非线性关系,有必要对中国微观金融稳定指数与股票市场价格波动之间的关系进行进一步地非线性因果关系检验。

三、非线性格兰杰因果检验

根据 Diks 和 Panchenko(2006)提出的 DP 非线性格兰杰因果检验方法,VAR 模型体现了变量之间的线性关系,VAR 模型的残差则相当于过滤掉了变量之间的线性关系,因此可以通过 VAR 模型的残差进行 DP 检验,判定变量之间是否具有非线性因果关系。为了检验微观金融稳定指数体系对金融波动的预警能力,依据式(21)分别对上述26组 VAR 模型的残差序列构建 t 统计量,检验中国微观金融稳定指数、部门金融微观稳定指数及其子指数是否是股票市场价格波动的非线性格兰杰原因,如果 t 统计量的 P 值趋向于0,则拒绝零假设,说明被检验的变量之间存在非线性格兰杰因果关系。

(一)VAR 残差的单位根检验

由于 DP 模型要求构建 t 统计量的时间序列是严格平稳的,因此首先对上述 26 组模型的残差进行 ADF 平稳性检验。表 6-6 显示,在 42 个 VAR 残差时间序列中,仅有 4 个残差序列不平稳,其余 38 个残差序列均为平稳时间序列,不平稳的残差序列分别是:企业偿债能力指数与上证综指 VAR 中的 EI_{1t} 残差、企业经济冲击指数与上证综指 VAR 中 EI_{2t} 残差、企业偿债能力指数与深成指 VAR 中的 EI_{1t} 残差、企业经济冲击指数与深成指 VAR 中的 EI_{2t} 残差,对不平稳的残差时间序列进行一阶差分后再次进行 ADF 检验,检验显示上述四个残差时间序列的一阶差分均为平稳时间序列。后续 DP 检验均以平稳的残差序列或者残差序列平稳的一阶差分计算得出。

表 6-6　残差序列的 ADF 平稳性检验结果

VAR 模型及其内生变量	残差	原变量	一阶差分	VAR 模型及其内生变量	残差	原变量	一阶差分
中国激观金融稳定指数							
与上证综指 VAR	D(SZ)	−6.360***		与深成指 VAR	D(SCZ)	−6.398***	
	D(FI)	−5.665***			D(FI)	−5.676***	
部门激观金融稳定指数构建的 VAR 模型							
企业部门微观金融稳定指数与上证综指 VAR	D(SZ)	−6.466***	−	企业部门微观金融稳定指数与深成指 VAR	D(SCZ)	−6.815***	−
	EI	−5.120***	−		EI	−5.221***	−
银行部门微观金融稳定指数与上证综指 VAR	D(SZ)	−6.496***	−	银行部门微观金融稳定指数与深成指 VAR	D(SCZ)	−6.933***	−
	BI	−7.074***	−		BI	−7.004***	−
证券部门微观金融稳定指数与上证综指 VAR	D(SZ)	−6.167***	−	证券部门微观金融稳定指数与深成指 VAR	D(SCZ)	−6.648***	−
	SI	−6.110***	−		SI	−6.374***	−

VAR 模型及其内生变量	残差	原变量	一阶差分	VAR 模型及其内生变量	残差	原变量	一阶差分
微观金融稳定子指数构建的 VAR 模型							
企业偿债能力指数与上证综指 VAR	$D(SZ)$ EI_{1t}	-6.491^{***} -2.904^{*}	$-$ -10.851^{***}	企业偿债能力指数与深成指 VAR	$D(SCZ)$ EI_{1t}	-6.611^{***} -2.748^{*}	$-$ -3.706^{***}
企业经济冲击指数与上证综指 VAR	$D(SZ)$ EI_{2t}	-6.285^{***} -1.343	$-$ -10.826^{***}	企业经济冲击指数与深成指 VAR	$D(SCZ)$ EI_{2t}	-6.477^{***} -1.338	$-$ -10.761^{***}
企业金融化指数与上证综指 VAR	$D(SZ)$ $D(EI_{3t})$	-6.332^{***} -6.151^{***}	$-$ $-$	企业金融化指数与深成指 VAR	$D(SCZ)$ $D(EI_{3t})$	-6.363^{***} -6.154^{***}	$-$ $-$
商业银行偿债能力指数与上证综指 VAR	$D(SZ)$ $D(BI_{1t})$	-6.505^{***} -6.487^{***}	$-$ $-$	商业银行偿债能力指数与深成指 VAR	$D(SCZ)$ $D(BI_{1t})$	-6.578^{***} -6.733^{***}	$-$ $-$
商业银行经济冲击指数与上证综指 VAR	$D(SZ)$ BI_{2t}	-6.487^{***} -6.859^{***}	$-$ $-$	商业银行经济冲击指数与深成指 VAR	$D(SCZ)$ BI_{2t}	-6.952^{***} -6.757^{***}	$-$ $-$
商业银行金融创新指数与上证综指 VAR	$D(SZ)$ BI_{3t}	-6.481^{***} -6.478^{***}	$-$ $-$	商业银行金融创新指数与深成指 VAR	$D(SCZ)$ BI_{3t}	-7.080^{***} -6.966^{***}	$-$ $-$
证券公司偿债能力指数与上证综指 VAR	$D(SZ)$ SI_{1t}	-6.938^{***} -6.070^{***}	$-$ $-$	证券公司偿债能力指数与深成指 VAR	$D(SCZ)$ SI_{1t}	-6.461^{***} -6.940^{***}	$-$ $-$
证券公司经济冲击指数与上证综指 VAR	$D(SZ)$ SI_{2t}	-5.799^{***} -6.175^{***}	$-$ $-$	证券公司经济冲击指数与深成指 VAR	$D(SCZ)$ SI_{2t}	-6.665^{***} -6.164^{***}	$-$ $-$
商业银行金融创新指数与上证综指 VAR	$D(SZ)$ SI_{3t}	-6.249^{***} -6.599^{***}	$-$ $-$	证券公司金融创新指数与深成指 VAR	$D(SCZ)$ SI_{3t}	-6.523^{***} -5.954^{***}	$-$ $-$

(二)中国及部门微观金融稳定指数与股价的非线性格兰杰因果检验

在 VAR 模型基础上,根据 DP 检验非线性因果检验的思想,利用中国微观金融稳定指数与股票市场波动 VAR 模型的残差时间序列进行 DP 检验。

按照 Diks 和 Panchenko(2006)中带宽选择原则:

带宽 $\varepsilon_n = \max(Cn^{-2/7}, 1.5)$

$$C^* = \left(\frac{18.3q^2}{4\left(\mathrm{E}\left[S(W)\right]\right)^2} \right)^{1/7} \tag{23}$$

计算得出带宽为 2.8。

中国微观金融稳定指数及部门微观金融稳定指数与股票市场波动的 DP 检验见表 6-7 所列。

表 6-7 中国及部门微观金融稳定指数与股票价格指数的 DP 检验结果

DP 检验	滞后阶数					
	1	2	3	4	5	6
H_0:中国微观金融稳定指数不会格兰杰导致上证综指/深成指变动						
与上证综指	22.232***	22.803***	23.592***	35.790***	36.354***	37.662***
与深成指	8.851***	9.143***	9.466***	9.856***	8.163***	9.793***
H_0:部门微观金融稳定指数不会格兰杰导致上证综指变动						
企业部门	1.547	1.601	1.66	1.726*	1.780*	1.820*
银行部门	0.331	0.344	0.356	0.369	0.383	0.397
证券部门	1.452	1.518	1.6	1.676*	1.733*	1.780*
H_0:部门微观金融稳定指数不会格兰杰导致深成指变动						
企业部门	6.219***	6.361***	6.722***	6.930***	7.121***	7.293***
银行部门	0.055	0.053	0.067	0.077	0.082	0.075
证券部门	11.010***	11.394***	12.018***	12.361***	12.720***	13.099***

注:*、**、***分别表示在 1%、5% 和 10% 的显著性水平下显著。

表 6-7 显示,中国微观金融稳定指数在滞后 1—6 阶均显著地非线性格兰杰引起上证综指、深成指的变化,企业部门微观金融稳定指数滞后 4—6 阶是上证综指变动的非线性格兰杰原因,企业部门微观金融稳定指数还能够

非线性格兰杰引起深成指的变动;证券部门微观金融稳定指数是上证综指变动和深成指变动的非线性格兰杰原因。

(三)微观金融稳定子指数相关的非线性格兰杰因果检验

为了验证微观金融稳定子指数是否能够预测金融波动,分别构建 9 个微观金融稳定指数与股票价格指数波动的 DP 统计量,带宽仍由式(23)确定,DP 检验结果见表 6-8 所列。

表 6-8　微观金融稳定子指数与股票价格指数的 DP 检验结果

DP 检验		滞后阶数					
		1	2	3	4	5	6
H_0:微观金融稳定子指数不会格兰杰导致上证综指变动							
企业	偿债能力指数	0.03	0.014	0.007	−0.055	−0.057	−0.053
	经济冲击指数	−0.594	−0.615	−0.631	−0.662	−0.676	−0.702
	金融化指数	−3.556***	−3.581***	−1.751*	−1.406	−1.395	−1.441
商业银行	偿债能力指数	0.667	0.694	0.717	0.744	0.77	0.796
	经济冲击指数	−0.2	0.49	0.502	0.517	0.531	0.547
	金融创新指数	−0.679	−0.681	−0.683	−0.72	−0.721	−0.737
证券公司	偿债能力指数	1.013	1.108	1.408	1.505	1.551	1.584
	经济冲击指数	0.022	0.023	0.22	0.256	0.278	0.286
	金融创新指数	−6.710***	−6.910***	−7.166***	−7.420***	−7.655***	−7.896***
H_0:微观金融稳定子指数不会格兰杰导致深成指指变动							
企业	偿债能力指数	1.850*	1.930*	1.846*	1.854*	1.903*	2.006*
	经济冲击指数	−0.186	−0.346	−0.426	−0.365	−0.347	−0.379
	金融化指数	−0.955	−0.135	6.023***	7.084***	7.901***	7.972***
商业银行	偿债能力指数	1.616	1.681*	1.783*	1.822*	1.881*	1.941*
	经济冲击指数	0.463	0.435	0.426	0.425	0.447	0.438
	金融创新指数	1.247	1.279	1.385	1.456	1.495	1.555
证券公司	偿债能力指数	12.652***	13.229***	15.021***	15.384***	15.829***	16.318***
	经济冲击指数	7.607***	8.011***	8.752***	9.046***	9.289***	9.535***
	金融创新指数	−21.904***	−22.386***	−23.396***	−24.148***	−24.852***	−25.620***

注:***、**、*分别表示在 1%、5% 和 10% 的显著性水平下显著。

注:*、**、*** 分别表示在 1%、5% 和 10% 的显著性水平下拒绝原假设。

表 6-8 显示,企业金融化指数滞后 1—3 阶是上证综指的非线性格兰杰原因,证券公司金融创新指数滞后 1—6 阶是上证综指变动的非线性格兰杰原因。企业偿债能力指数、企业金融化指数、商业银行偿债能力指数、证券公司偿债能力指数、证券公司经济冲击指数以及证券公司金融创新指数都是深成指变动的非线性格兰杰原因。

表 6-7 和表 6-8 说明中国微观金融稳定指数、部门微观金融稳定指数、企业和证券公司微观金融稳定子指数能够非线性引起中国股票市场价格波动,其中部门微观金融指数能够展现引发金融波动的部门,微观金融稳定子指数能够指明金融市场波动的原因。

四、微观金融稳定指数对金融波动的预警能力总结

(一)中国微观金融稳定指数能够预测金融波动

通过上述线性和非线性格兰杰因果检验可以得出以下结论。中国微观金融稳定指数是股票市场价格指数波动的非线性格兰杰原因,说明中国微观金融稳定指数能够预测金融波动,是中国金融稳定状况的前瞻性指数。

(二)部门微观金融稳定指数能够预测股票市场价格波动

部门微观金融稳定指数与股票市场价格波动的线性和非线性格兰杰因果分析显示:企业部门微观金融稳定指数是股票市场价格波动的非线性格兰杰原因,银行部门微观金融稳定指数是股票市场价格波动的格兰杰原因,证券部门微观金融稳定指数是股票市场价格波动的非线性格兰杰原因。因此,部门微观金融稳定指数能够线性或者非线性预测股票市场价格波动。

(三)微观金融稳定子指数能够预测股票市场价格波动

对微观金融稳定子指数以及股票市场价格波动的线性和非线性格兰杰因果检验显示:企业偿债能力指数是深成指变动的非线性格兰杰原因,企业金融化指数是上证综指和深成指变动的非线性格兰杰原因,商业银行偿债能力指数是深成指变动的非线性格兰杰原因,商业银行经济冲击指数是上证综指和深成指变动的格兰杰原因,商业银行金融创新指数是深成指变

动的格兰杰原因,证券公司偿债能力指数、证券公司经济冲击指数是深成指的非线性格兰杰原因,证券公司金融创新指数是上证综指和深成指变动的非线性格兰杰原因。微观金融稳定子指数能够线性或者非线性预测股票市场价格波动。

第七章　中国金融稳定的历史、现状与对策

第一节　中国金融稳定的阶段变化及其特征

一、以通货膨胀为主要不稳定因素的阶段（1980—1995 年）

（一）该阶段金融稳定的特点

这一时期由于中国的经济仍处于计划经济主导的阶段，金融市场不发达，因此这一时期影响中国金融稳定的最主要因素是通货膨胀，1980—1995年间中国经历了四次较为严重的通货膨胀，分别是 1980 年、1985 年、1988 年和 1994 年的通货膨胀，这四年年度居民消费价格指数分别比上年增长了7.5%、9.3%、18.8%和 24.1%[①]，其中 1994 年的通货膨胀率达到了 1980 年来的最高水平。

（二）该阶段金融不稳定的原因

这四次通货膨胀的原因分别如下：

1. 1980 年通货膨胀的原因

1979 年以来，在改革开放政策下，我国经济迅猛发展，投资规模迅速扩

[①]　中国国家统计局网站.居民消费价格指数(上年=100)[DB/OL].[2021–12–29].
https://data.stats.gov.cn/easyquery.htm?cn=C01.

大,政府财政支出加大,1978年的中国尚有财政盈余10.17亿元人民币,1979年即转变为财政赤字135.41亿元。[①]为了弥补赤字,向中国人民银行透支90.2亿元。[②]这种透支造成中国货币供应量的快速增长,1980年中国流通中的货币(M0)与1979年相比增长了29.3%[③],而1980年的GDP增长率为11.88%[④],货币供应量增长速度远远超过了GDP增速,而且增长的货币供应量都是流通中的货币,因而引发了改革开放以后的第一次通货膨胀。

2. 1985年通货膨胀的原因

1984年各地方政府响应中央加快经济发展号召,固定资产投资规模迅速增长,1984年中国全社会固定资产投资比上年增长28.2%,1985年全社会固定资产投资年度增长率更是高达38.8%,快速增长的投资拉动了社会总需求,导致需求拉动型通货膨胀。[⑤]

与此同时,国营企业的工资改革也起到了推动物价上涨的作用。1985年1月国务院发布《国务院关于国营企业工资改革问题的通知》,在通知中明确"企业职工的工资同企业经济效益挂起钩来,更好地贯彻按劳分配的原则。"[⑥]改革后的工资方案提高了企业职工的工资收入,但也增加了企业的工资成本,从成本角度推进了中国的通货膨胀。

在货币供给方面,1984年也出现了快速的货币供给量增加,M0的年增

① 中国国家统计局网站.国家财政收支总额及增长速度[DB/OL].[2021-12-29]https://data.stats.gov.cn/easyquery.htm?cn=C01.

② 杨志勇.1978年以来中国财政赤字与债务管理体制变革[J/OL].地方财政研究,2018,(11)[2022-01-08].http://www.dfczyj.com/news_show.aspx?id=1316.

③ 中国国家统计局.货币供应量[DB/OL].[2021-12-29].https://data.stats.gov.cn/easyquery.htm?cn=C01.

④ 中国国家统计局网站.国内生产总值(亿元)[DB/OL].[2021-12-29].https://data.stats.gov.cn/easyquery.htm?cn=C01.

⑤ 中国国家统计局网站.全社会固定资产投资(亿元)[DB/OL].[2021-12-29].https://data.stats.gov.cn/easyquery.htm?cn=C01.

⑥ 国务院.国务院关于国营企业工资改革问题的通知(国发〔1985〕2号)[S/OL].[2021-12-29].http://www.gov.cn/zhengce/content/2012-11/23/content_7535.htm.

长率高达 49.5%。[1]

3. 1988 年通货膨胀的原因

1988 年通货膨胀的原因主要有两方面。一是快速的货币供应量增长。1986—1988 年中国的货币供应量 M0 快速增长,年增长率分别为 23.3%、19.4% 和 46.7%[2],远远超出了经济增速,流通中的货币过多导致货币贬值。二是物价改革引发的商品抢购。1979 年国务院颁布《扩大企业经营管理自主权的若干规定》,中国价格体制进入双轨制,双规制使得计划价格和市场价格出现巨大差异,套利和投机盛行。1988 年 3 月,上海率先实行物价改革试点,上海调整 280 种商品的零售价,价格涨幅在 20% 到 30% 之间。[3] 1988 年 8 月 15 日至 17 日,中共中央政治局第十次全体会议讨论并原则通过《关于价格、工资改革的初步方案》,提出要对绝大多数产品实行价格改革,解决双轨制问题。[4] 物价改革的消息引发了民众对于物价上涨的预期和恐慌,出现了抢购,导致短期内日常用品与各类食品价格突飞猛涨。

4.1994 年通货膨胀的原因

1993 年中国经济进入了高速增长的快车道,市场机制尚不完善及投资过热共同导致了通货膨胀。

一方面,这一时期绝大多数的商品价格已经放开,允许以溢价的形式根据市场供求关系自由定价。伴随着市场经济改革,粮食、能源、生产要素等限制也将全面开放,生产要素价格上升推动企业生产成本大幅度上涨,1993 年中国工业生产者出厂价格指数上涨了 24%,而工业生产者购进价格指数上

---

① 中国国家统计局. 货币供应量 [DB/OL].[2021-12-29].https://data.stats.gov.cn/easyquery.htm? cn=C01.

② 中国国家统计局.货币供应量[DB/OL].[2021-12-29].https://data.stats.gov.cn/easyquery.htm?cn=C01.

③ 中国经济网.1988 年:多种经济手段公用抑制抢购风潮[EB/OL].(2009-01-04)[2021-12-30]. http://views.ce.cn/fun/corpus/ce/zj/200901/03/t20090103_17857699.shtml.

④ 国务院新闻办公室门户网站.1988 年 8 月 15 日至 17 日中央通过《关于价格、工资改革的初步方案》[EB/OL].(2011-08-15)[2021-12-29]. http://www.scio.gov.cn/wszt/wz/Document/981037/981037.htm.

涨了 35.1%,成本的大幅上升推动了物价的快速增长。①

　　另一方面,企业投资快速增加,银行信贷规模随之扩张;地方政府大量建设开发区,并利用信贷大规模开发房地产业;同时大量资金进入股票市场,出现投资股票热潮。1993 年中国固定资产投资价格指数上涨 26.6%②,A股筹资总额高达 276.41 亿元,是 1992 年的 5.5 倍。③投资过热导致全国资金紧张,能源和原材料价格上涨。与扩张的信贷相对应,中国货币供应量快速增长,1993 年中国的货币供应量 M2 增长 37.3%。④ 在成本推动和需求拉动的共同作用下,引发了 1994 年的通货膨胀。

　　5.该阶段通货膨胀的共同点

　　通过分析这四次通胀的原因可以发现四个共同点:第一,需求过热是1980—1995 年通货膨胀的共同原因之一,但是在四次通货膨胀中过热的需求有所差异,1980 年、1985 年和 1995 年投资需求是拉动通胀的主要原因之一,而 1988 年则是消费需求;第二,四次通货膨胀都和货币供给快速增长相关联,1980—1995 年四次出现通货膨胀之前,货币供应量规模都出现了大幅上升,但是每个通胀时期引发货币供应快速增长的原因有所不同,1980 年大量增发货币是为了弥补财政赤字,1994 年则是因为信贷的快速扩张,刺激经济增长也是这一时期货币供应量快速增长的重要原因;第三,成本推动是这一阶段通货膨胀的重要原因之一,在 1985、1988 和 1995 的通货膨胀中劳动力成本和原材料成本的上升都起到了重大作用;第四,这四次通货膨胀都与经济政策密切相关,1980 年的通货膨胀与中国财政政策变化有关,1985 年和 1988 的通胀膨胀与工资改革和物价改革政策相关,1995 年的通货膨胀也与刺激性的经济政策密不可分,国家政策的变化引起经济主体投资行为变化、

---

①　中国国家统计局网站.价格指数[DB/OL].[2021-12-29].https://data.stats.gov.cn/easyquery.htm?cn=C01.

②　中国国家统计局网站:固定资产投资价格指数(上年=100)[DB/OL].[2021-12-29].https://data.stats.gov.cn/easyquery.htm?cn=C01.

③　中国国家统计局网站:股票发行量和筹资量 [DB/OL].[2021-12-29].https://data.stats.gov.cn/easyquery.htm?cn=C01.

④　中国国家统计局网站:货币供应量 [DB/OL].[2021-12-29].https://data.stats.gov.cn/easyquery.htm?cn=C01.

引导地方政府和民众的心理预期,引发或者加速了通货膨胀。

(三)该阶段政府维持金融稳定的措施

面对四次通货膨胀,中国政府采取了一系列的措施平抑物价,保持金融稳定。

1.紧缩货币供给量

由于该阶段的通货膨胀都与货币供应量快速增长和投资过热相关,因此,中国都针对性地通过控制货币供应量和压缩基础设施建设项目抑制通货膨胀,在通货膨胀较严重的年份之后,都出现了货币供应量的缩减,1981和1982年中国货币供应量M0分别增长了14.5%和10.8%;1986和1987年M0增长率则分别比1984年降低了52.9%和60.8%,1989年的货币供给了M0仅增长了9.8%,1996年的货币供应量M2增速比1994年降低了26.7%。

2.提高利率水平,控制信贷规模

在该阶段由于中国的货币政策调控机制尚未完全建立,除了直接控制货币供应量之外,控制信贷和提高利率成为了最常用的政策工具。

图7-1的左轴是金融机构各项贷款总额变化率,右轴是贷款年利率水

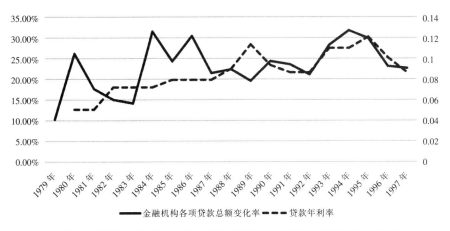

图7-1　1979—1997年中国金融机构各项贷款总额变化率及贷款利率

数据来源:金融机构各项贷款总额变化率来源于国家统计局,金融机构人民币信贷资金平衡表(资金运用),https://data.stats.gov.cn/easyquery.htm?cn=C01.

贷款利率数据来源于世界银行统计数据库,https://data.worldbank.org/indicator/FR.INR.LEND?locations=CN.

平。该图显示,在 1979 至 1997 年间中国的金融机构贷款增长呈现出锯齿状,在 1980 年、1984 年、1986 年和 1994 年都出现了较快增长,而这些年份恰好是发生的通货膨胀的当年或者是前一年,说明信贷扩张是这一时期通货膨胀的诱因。为了针对性地治理通货膨胀,1981—1983 年、1989 年和 1996—1997 年,中国放缓了贷款增速,通过控制信贷规模缓解通货膨胀压力。

为了抑制需求过热,提高融资成本,上调利率也是控制通货膨胀的重要手段,图 7-1 显示,在通货膨胀发生的年份或者其后的一年,如 1982、1985、1989—1990 及 1995 年,中国都上调了贷款利率。

3.压缩固定资产投资

为了治理需求拉动的通货膨胀,这一时期中国还采取了需求抑制措施,由于固定资产投资是投资需求中最大动力,中国在这一阶段通过压缩固定资产投资缓解通货膨胀压力,在 1983 年、1989 年和 1990 年、1996 和 1997 年都出现了固定资产投资的减少,特别是在 1989 年甚至出现了固定资产投资的负增长(-7.2%)。

二、内外金融压力并存的高风险阶段(1996—2002 年)

(一)该阶段金融稳定的特点

这一时期是中国内部外部金融压力并存的高风险时期。

1.通货紧缩,经济增速放缓

出现通货紧缩和经济增长放缓。1998—1999 年中国物价指数出现了负增长,1998 年和 1999 各类价格指数普遍出现负增长,特别是生产者出厂价格指数在 1998 年和 1999 年分别下降了 4.1%和 2.4%。[①]与此同时,经济增长放缓,1998 年和 1999 年 GDP(国内生产总值)增长率分别为 7.8%和 7.7%,是

---

① 中国国家统计局网站:居民消费价格指数(上年=100)[DB/OL].[2021-12-29]. https://data.stats.gov.cn/easyquery.htm?cn=C01&zb=A0901&sj=2020.

1991 年来最低经济增速。①

2. 银行不良贷款问题凸显

随着出口减少、经济增长放缓,中国国有企业出现了大量亏损。国有企业在国有银行有大量借款,国有企业的债务无法按时偿还,导致国有银行不良贷款率快速上升,1999 年、2000 年和 2001 年中国商业银行的不良贷款率分别高达 28.5%、22.4% 和 29.8%。② 巨额的不良贷款给金融体系的稳定带来了巨大的风险。

3. 股票市场出现大幅波动

除此之外,这一阶段我国股市出现了两次大的震荡,由于两次股市暴跌均发生在周一,被称为两次"黑色星期一"。1996 年 1 月到 12 月,上证指数由 512 点涨至 1258 点,累计涨幅为 140%,深成指的涨幅更是超过 300%,即使管理层连续发布了后来被称作"12 道金牌"的各种规定和通知,仍未阻止股市行情节节攀升。③ 这次不正常和非理性的暴涨于 12 月 16 日(星期一)停止,当天,《人民日报》发表特约评论员文章《正确认识当前股票市场》,以社论的方式对疯狂投机的股市行为予以抨击。社论将股市的暴涨定性为"机构大户操纵市场、银行违规资金入市、证券机构违规透支、新闻媒介推波助澜、误导误信股民跟风"等。此文一出,股市暴跌,沪深股市大幅跳空低开,沪指跳空低开 105 点,收于 1000 点,重挫 9.91%,深成指下跌 10.08%,两市绝大多数股票跌停。次日,沪指再度暴跌 9.44%,深成指跌幅达 9.99%。短短的 9 个交易日内,沪指便从当年的最高点跌至 855 点,最大跌幅 30%。这一天被称为"黑色星期一"。2001 年 7 月 30 日又是一次"黑色星期一",这次股灾与国有股减持有关,2001 年上半年,沪指创下当年 6 月份的历史新高 2245 点,市场掀起一场"中国股市市盈率是否太高"的大讨论。为了充实社保资金,6 月中旬财政部推出了国有股减持方案的,股指出现见顶迹象,

---

① 中国国家统计局网站:居民消费价格指数(上年=100)[DB/OL].[2021-12-29].https://data.stats.gov.cn/easyquery.htm?cn=C01&zb=A0901&sj=2020.

② 万德金融终端.中国:银行不良贷款率 [DB/OL]. (2021-09-15)[2021-12-29].

③ 万德金融终端. 上证综合指数 \ 深证成分指数[DB/OL]. [2021-07-20].

7月24日股市开始下跌,直到7月30日,沪深两市创下两年内最大跌幅,上证综指下跌5.27%,深成指下跌5.21%。至此,开启了长达五年的熊市,期间再也没有见到2245点,直到2005年998点历史大底后才重回上方。

股票市场的波动、通货紧缩和大量的不良贷款给中国的金融稳定带来了巨大的压力。

(二)该阶段金融不稳定的原因

1.新兴市场国家发生金融危机

1997年亚洲金融危机首先在泰国爆发,随后金融危机迅速蔓延至全球,东南亚各国、韩国和日本都备受打击。此外,油价暴跌,导致俄罗斯股市、汇市跳水,而从巴西引发的"桑巴效应"使得主要新兴经济体均未能幸免。

2.亚洲金融危机的冲击

中国在1997的亚洲金融危机中遭受了巨大的影响,中国金融稳定状况有所恶化,其原因主要包括三个方面:

第一,明显冲击了我国出口贸易。亚洲金融危机的爆发使东南亚货币贬值的国家减少进口,降低了我国商品出口竞争力,并降低了商品出口的增加幅度,1998年第一季度的数据显示,我国出口增长13.2%,回落12.5%。[①]

第二,减少了投向中国的外资。由于东南亚国家经济受到重创,减少了对我国的投资,1998年12月亚洲国家对中国的直接投资由1997年年底的342.76亿美元减少为313.31亿美元,降幅为8.59%。[②]一些国家还出台了一系列吸引外资的政策,使中国与东南亚国家在吸引外资方面展开激烈竞争。

第三,失业增加。部分国有企业长期盲目扩张,生产效率低下,受到亚洲金融危机的影响,这些问题凸显,国有企业发展陷入困境,大量企业停工停

---

① 万德金融终端.出口金额累计同比 [DB/OL]. (2021-07-19)[2021-10-18].

② 万德金融终端.实际外商直接投资[DB/OL].(2021-07-19)[2021-10-18].

产，职工下岗分流。1997 年城镇失业率为 3%，1998 年为 3.1%[1]；1997 年年底，全国国有企业有下岗未就业人员 634.3 万人。[2]

在亚洲金融危机冲击下，中国的经济增速放缓、失业增加，引发了通货紧缩，企业债务难以偿还，银行不良贷款问题恶化，股票市场低迷。

(三)该阶段政府维持金融稳定的措施

1.建立货币政策调节机制

亚洲金融危机给国内金融体系带来的压力加快了中国宏观金融调控体系的建立。从 1998 年 1 月 1 日起，中国人民银行取消对国有商业银行贷款限额的控制，在推行资产负债比例管理和风险管理的基础上，实行"计划指导、自求平衡、比例管理、间接调控"的新的管理体制[3]，标志着中国特色货币政策调节机制的建立；1998 年 11 月，中国人民银行改革了机构体系，按照经济区划设立分行，强化中央银行的金融监管功能，减少地方政府对金融监管的干扰。中国货币政策调节机制的建立，增加了中国人民银行可以运用的货币政策工具种类：废除信贷限额制后，中国人民银行在 1998 年改革了法定存款准备金制度，并两次下调法定存款准备金，下调法定存款准备金率 7 个百分点[4]；中国开始使用公开市场操作，更为主动灵活地调整货币供应量；利率也依然是中国人民银行的货币政策工具，从 1996 年 5 月到 2002 年 2 月，中国人民银行连续八次下调人民币存贷款利率水平，金融机构存款平均利

---

① 万德金融终端.城镇登记失业人数 [DB/OL]. [2021-02-01].

② 劳动和社会保障部，国家统计局. 1997 年度劳动事业发展统计公报[EB/OL].（2006-02-07）[2022-01-08]. http://www.mohrss.gov.cn/SYrlzyhshbzb/zwgk/szrs/tjgb/200602/t20060207_69886.html.

③ 光明日报. 取消对国有商业银行贷款限额控制不是放松银根 [EB/OL].(1998-02-11)[2022-01-03]. https://www.gmw.cn/01gmrb/1998-02/11/GB/17600%5EGM4-1103.HTM.

④ 戴相龙.关于实施货币政策情况的报告——2001 年 10 月 26 日在第九届全国人民代表大会常务委员会第二十四次会议上 [EB/OL].[2022-01-03].http://www.npc.gov.cn/wxzl/wxzl/2001-12/12/content_281325.htm.

率累计下调 5.98 个百分点,贷款平均利率累计下调 6.97 个百分点。[①] 货币政策调控机制的建立和宽松货币政策的实施对于刺激中国经济增长、减少失业、抑制通货紧缩、稳定金融体系都起到了重要作用。

2.加强金融市场监管

1996 年,证券会发布相关政策,规范券商自营,禁止三类企业炒作股票,加强风险防范教育及媒体评论导向,并向交易所派驻督察员。

1997—1998 年中国建立了统一的证券期货监管体制,强化了中国证券监督管理委员会的监管职能。1997 年 8 月,将上海证券交易所和深圳证券交易所归由中国证券监督管理委员会监管;1997 年 11 月,国务院决定将由中国人民银行监管的证券机构统一转交由证监会监管;1998 年 9 月国务院批准了《中国证券监督管理委员会职能配置、内设机构和人员编制规定》,明确了"中国证券监督管理委员会为国务院直属事业单位,是全国证券期货市场的主管部门"[②]。统一的监管机构强化了中国证券市场的监管的效力,为稳定这一时期稳定中国金融市场奠定了基础。

1997 年对证券经营机构进行了清理整顿。1997 年 6 月中国人民银行、财政部联合发布了《关于清理规范财政系统证券机构的通知》;1997 年 8 月,财政部与下属的三家证券公司脱钩。[③] 对证券机构的整顿为证券机构市场化经营创造了条件。1998 年 12 月 29 日第九届全国人民代表大会常务委员会第六次会议通过了《中华人民共和国证券法》,并于 1999 年 7 月 1 日正式实施。证券法是证券市场运行的基本法律规范,其颁布实施对稳定中国金融市场稳定提供了法律制度基础。

1999 年中国证监会强化了市场监管稽查力度,自 1999—2001 年 8 月证监会立案违反证券法律法规的案件共 220 件,结案 192 件,对 92 个案件做

① 中国人民银行.2002 年第四季度货币政策执行报告[EB/OL].[2022-01-03].http://www.pbc.gov.cn/zhengcehuobisi/125207/125227/125957/126024/2899201/2015090810535810379.pdf.
② 国务院办公厅.国务院办公厅关于印发中国证券监督管理委员会职能配置内设机构和人员编制规定的通知(国办发〔1998〕131 号)[EB/OL].(2010-11-19)[2022-01-03].http://www.gov.cn/zhengce/content/2010-11/19/content_7710.htm.
③ 马庆泉.中国证券史(1978-1998)[M].北京:中信出版社,2003:434.

出了行政处罚,有 104 家机构和 270 名个人受到了警告、没收非法所得、罚款、暂停资格或撤销从事证券期货资格等各种行政处罚,罚没款总额达 14.9 亿元。① 强有力的市场稽查有效控制了证券市场上的违法违规操作,稳定了中国的金融市场。

3.剥离国有银行不良资产

1998 年 2 月,财政部发行 2700 亿特别国债,补充四大国有银行资本金。② 1999 年,成立了华融、东方、长城和信达四家资产管理公司,收购四大国有商业银行的不良资产,剥离 1.4 万亿不良资产。③ 国有银行的不良贷款得到处置,资本充足率上升,保持了中国银行体系的稳定。

总之,1997—2002 年在亚洲金融危机的冲击下,中国加快了金融改革的步伐,通过快速的金融宏观调控体制改革、金融监管体制改革、金融监管制度建设以及国有银行不良资产处置,有力地保证了中国金融体系的稳定。

三、金融稳定发展阶段(2003—2007 年)

从 2003 年开始,亚洲各国逐渐摆脱金融危机影响,中国金融系统稳定性提升,金融业进入快速稳定发展时期。

(一)该阶段金融稳定的特点

1.通货膨胀压力加大

我国产出增速变大,2003—2007 年期间,GDP 增速分别为 10.04%、10.11%、11.39%、12.74%、14.23%,我国经济的快速增长使得部分行业出现过热的情况,通胀压力加大,但居民消费价格指数并未出现大幅度变动,五年间 CPI

---

① 周小川. 严厉打击损害投资者的违法违规行为 [EB/OL].(2001–08–12)[2022–01–03].http://43.250.236.5/GB/jinji/35/159/20010812/533481.htm.

② 刘仲藜.关于《财政部发行特别国债补充国有独资商业银行资本金》的说明[EB/OL].[2022–01–03].http://www.npc.gov.cn/wxzl/gongbao/1998–03/19/content_1480055.htm.

③ 唐双宁.关于银行业和谐发展的思考——中国银行家论坛(2006)上的发言[EB/OL]. (2006–10–17)[2022–01–03]. http://www.gov.cn/gzdt/2006–10/17/content_415142.htm.

(消费者物价指数)增长率分别为 1.17%、3.88%、1.81%、1.47%、4.77%。①

2.银行体系较为稳定

2003 年中国国有银行不良贷款率有所下降,2003 年底中国政府开启了对四大国有银行的股份制改造。2004 年银监会印发了《股份制商业银行风险评估体系(暂行)》,强化对股份制商业银行的分类监管。2005 年 10 月中国建设银行在香港上市、2007 年 9 月在上海证券交易所完成 A 股上市,中国银行于 2006 年 6 月及 7 月分别在香港和上海证券交易所的挂牌上市,2006 年 10 月及 2010 年 7 月中国工商银行和中国农业银行以"A 股+H 股"的形式在上海和香港同步上市。四大国有银行的股份制改革充足了中国最大的四家商业银行的资本金,建立了现代化治理结构,提高了商业银行的风险管理能力,银行业收益率则稳步上升,银行体系较为稳定。

3.股票市场经历由低迷到泡沫的过程

2003 年 1 月至 2006 年 6 月中国股票市场较为低迷,以上证综指为例,在此期间指数的收盘价都未超过 1500 点。2006 年后半年中国股票市场快速反弹,2007 年 12 月上证综指收盘价已升至 4424.79 点,是 2006 年 6 月的近三倍,快速的股票价格上涨是股票市场泡沫出现的信号。②

(二)该阶段金融不稳定的原因

1.经济及需求快速增长

2006—2007 年,我国经济正处于改革开放 30 年的末期。2007 年在经济高增长、城乡居民收入大幅增加、消费需求有所扩大的宏观经济背景下,我国经济存在着物价水平较快上涨、固定资产投资高位运行、货币信贷流动性过剩等重大问题。

---

① 国家统计局.国内生产总值增长(百分点)、居民消费价格指数(上年=100)[DB/OL].[2021-01-25].https://data.stats.gov.cn/easyquery.htm?cn=C01&zb=A0208&sj=2020.

② 万德金融终端,上证综指收盘价(DB/OL).[2021-01-04].

2.巨额国际收支顺差

中国于 2001 年 12 月 11 日加入 WTO(世界贸易组织)后,积极融入经济全球化,积极发展多边贸易,并且伴随着经济的高速增长带来了国际收支顺差的继续增加。2002 年,我国贸易顺差额和外汇储备分别为 304.26 亿美元、2864.07 亿美元,至 2007 年,贸易顺差额和外汇储备分别为 2639.44 亿美元、15282.49 亿美元[①],顺差造成人民币升值压力,为维持汇率稳定,中央银行被动投放了大量基础货币,通胀压力增大。

3.股权分置改革

以同股同权、同股同价为目的的股权分置改革从 2005 年 4 月 29 日正式开始到 2006 年底,沪深两市已完成或者进入改革程序的上市公司共 1301 家,占应改革上市公司的 97%,对应市值占比 98%,未进入改革程序的上市公司仅 40 家。股权分置改革任务基本完成。[②] 股权分置改革使得 2005—2006 年间,股票市场中国有非流通股逐步上市流通,增加了市场中的股票数量,股票价格难以上升。

(三)该阶段政府维持金融稳定的措施

1.紧缩的货币政策

2006 年,央行加大公开市场业务操作力度,大幅上调央行票据利率,提高金融机构存贷款基准利率,大规模回收市场的流动性。2007 年,央行实施适度从紧的货币政策,防止经济增长由偏快转向过热,加大调控力度,缓解银行体系流动性偏多和货币信贷扩张压力较大的问题,维护总量平衡。针对银行体系流动性过剩的情况,央行加大了公开市场对冲操作力度,央行票据期限适时延长,央行票据利率大幅上升。同时,针对我国过热的房地产市场,

---

① 国家统计局.进出口差额(美元)、外汇储备(亿美元)(百万美元)[DB/OL].[2021-10-18].https://data.stats.gov.cn/easyquery.htm?cn=C01.

② 中央政府门户网站.股权分置改革基本完成[EB/OL].(2007-03-19)[2022-01-03]. http://www.gov.cn/ztzl/gclszfgzbg/content_554986.htm.

央行从首付比例及贷款利率方面加大调控力度，个人住房公积金贷款利率四次上调。

2.完善汇率市场化制度

在汇率政策方面,参考一篮子货币进行调节,完善有管理的浮动汇率制度体系。针对汇率市场上人民币汇率总体走升的情况,央行继续完善人民币汇率形成机制,参考一篮子货币进行调节、有管理的浮动汇率制度,增强人民币汇率浮动弹性,同时加快外汇管理体制改革,促进国际收支基本平衡。

3.多种措施保持股票市场稳定

 2004 年 1 月 31 日,国务院以国发印发《关于推进资本市场改革开放和稳定发展的若干意见》(国发〔2004〕3 号),为推动股票市场发展稳定起到指导作用。

2004 年 8 月至 2005 年 1 月以及 2005 年 5 月至 2006 年 6 月,证监会两次暂停新股发行,其目的是避免 IPO 吸引股票市场资金,保持股票市场价格稳定。

2007 年 5 月为了引导投资者理性投资股票市场,证监会发布《关于进一步加强投资者教育强化市场监管有关工作的通知》,提出增强投资者风险意识和自我保护意识,严查各种违法违规行为。

总之这一阶段的特点是经济高速增长,央行采取适度从紧的政策防止经济增长由偏快转向过热,银行体系较为稳定,股票市场低迷,金融稳定性较强。

四、国外金融危机冲击阶段(2008—2011 年)

(一)该阶段金融稳定的特点

1.经济增速放缓

国内通胀大幅度回落,中国经济出现了大幅度下滑,2008 年全年 GDP 增速为 9%,为六年来新低,加大了银行业的贷款风险及股市的投资风险,股票市场也受到了冲击;外汇储备资产的收益由于美国增发货币、美元贬值大幅下降;美国经济下滑也大大影响了我国进出口数额,使进出口速度放缓,到 2009 年变为负增长,2009 年 1 月至 7 月,中国对外贸易累计进出口总值 11467.35 亿美元,比去年同期下降 22.7%。[①]

2.出现新一轮通货膨胀

2008 年 CPI 同比上涨 5.9%,涨幅比上年提高 1.1 个百分点。2008 年 2 月,CPI 同比涨幅达到 8.7%,创下 1997 年以来新高;此后,CPI 从高位开始回落,2008 年第一至第四季度 CPI 同比涨幅分别为 8%、7.8%、5.3% 和 2.5%。尽管 2009 中国通货膨胀率较低,CPI 增长 -0.7%,但是 2010—2011 年 CPI 再次上升,2010 年 CPI 较上年增加 3.3%,工业生产者购进价格指数更高达 109.1,2011 年的通货膨胀率继续上升,在 6 月至 9 月连续四个月 CPI 增长都超过了 6%,出现了新一轮的通货膨胀。[②]

3.股票市场出现大幅下跌

2007 年下半年中国股票市场繁荣,股票价格快速上涨,2017 年 12 月 5 日,上证综指收盘价超过 5000 点,在 2008 年 1 月 14 日上证综指收盘于 5497.9 点,其后便开始下跌,2008 年 9 月 16 日上证综指跌破 2000 点,2008 年 11 月 4 日达到这一阶段的最低点 1706.7 点,和最高点相比跌幅超过 2/3。快速的股票市场价格波动带来了金融资产价格的波动,给投资者带来巨大的风险和损失。

(二)该阶段金融不稳定的原因

1.美国次贷危机和欧债危机的共同冲击

2008 年美国爆发了次贷危机,并传播到世界其他国家,演变为全球金融危机,导致全球金融市场震荡,金融机构不良资产快速上升,市场恐慌情绪

---

① 万德金融终端.对外贸易进出口总额[DB/OL].[2021-07-19].

② 国家统计局:价格指数 (上年=100)[DB/OL].[2021-01-11].https://data.stats.gov.cn/easyquery. htm?cn=C01&zb=A0901&sj=2020.

蔓延,全球经济受到重创,2008 年全球 GDP 增长率由 2007 年的 5.52%下降到 3.02%。美国的经济持续低迷,直到 2012 年才开始出现温和复苏的迹象,经济增长率为 2.2%。2010 年欧债危机再次冲击全球经济,欧盟受到欧债危机的影响,经济出现负增长,2012 年的欧元区的经济增长率为–0.6%。[①]两次金融危机的接连冲击给中国造成了负面的影响,国外进口需求减少,冲击了中国出口贸易及出口品生产企业,导致中国经济增长放缓,同时国际金融市场的波动也引起了国内金融市场价格的下跌和国内金融市场的下行预期。

2.欧美的量化宽松货币政策加大了中国通货膨胀的压力

面对严重的经济衰退,美国和欧盟都实施了量化宽松货币政策,通过增加货币供应量刺激经济增长。量化宽松货币政策增加人民币相对于美元和欧元升值的压力,为了保持人民币汇率相对稳定,中国外汇储备被动上升,带来巨额外汇占款,增加了中国通货膨胀的压力。

(三)该阶段政府维持金融稳定的措施

1.及时调整的财政政策与货币政策

这一阶段中国金融市场市场出现了快速上涨到迅速下跌的过程,物价也经历了上涨、紧缩再到通货膨胀。为例应对这种经济形势快速的变化,中国的宏观经济政策也体现出及时相应的调整, 针对性的宏观经济政策保证了中国经济的稳定。

2008 年上半年,中国实施相对较紧的货币政策应对当时出现的经济泡沫,旨在保持物价稳定防止股票市场过热,2008 年 1—6 月中国人民银行连续五次上调金融机构法定存款准备金率累计 2 个百分点。

2008 年 9 月起,为了应对美国次贷危机和欧债危机对中国经济的冲击,中国人民银行又实施了较为宽松的货币政策和积极的财政政策,2008 年 9 月 25 日至 2008 年 12 月底,中国人民银行连续四次下调金融机构法定存款准备金率,四次下调存贷款基准利率,以保证货币信贷扩张的趋势。2008 年

---

① 万德金融终端.世界 GDP 增长率指标[DB/OL].[2021–04–07].

下半年调减公开市场对冲力度,调减一年期和三个月期中央银行票据发行频率,适时增加短期净回购期限品种,保证流动性供应。2008 年 11 月中国推出"四万亿计划"的财政政策,通过投资基础设施、生态环境建设以及企业技术改革等方面的项目刺激中国经济增长。

2010 年随着经济形势的好转和物价水平的上升,中国的宏观经济政策再次紧缩,2010 年 1 月 18 日至 2011 年 6 月 20 日,中国人民银行上调法定存款准备率 13 次。2010 年 12 月 15 日至 2011 年 7 月 6 日连续上调存款贷基准利率四次,以此稳定中国物价水平。

2.强化金融市场监管

为了应对国内金融市场价格的波动给金融机构带来的风险,2008 年 4 月国务院分别发布了《证券公司监督管理条例》和《证券公司风险处置条例》,强化对证券公司的监管和风险处置。

同时,通过加快法律制度建设强化监管。2008—2011 年证监会共修订制定包括《证券期货规章制定程序规定》等 25 部规章[①],使得金融机构经营合规性有据可依,金融市场监管更加细致规范。

3.推出股票指数期货

2010 年中国正式推出股票指数期货,以沪深 300 指数为标的,2010 年 4 月 16 日正式上市交易。股指期货的推出不但为股票持有者提供了套期保值的工具,降低持股人的股票价格波动风险,也有助于投资者转嫁股票价格波动风险,股票期货还具有价格发现的功能,对于股票市场价格的趋势具有一定的指示作用。股票指数期货的推出增强了投资者信心,降低了股票市场价格波动风险。

总之,这一阶段的特点是在 2008—2011 年,中国在金融危机、欧洲主权债务危机等外围经济环境的负面影响下,依然保持了金融体系的总体稳定。

---

① 中国证券监督管理委员会.中国证监会监管信息公开工作年度报告(2008—2011 各年)[EB/OL].[2021-01-05].http://www.csrc.gov.cn/csrc/c101950/c1048210/content.shtml.

五、高度关注金融稳定阶段(2012—2019 年)

(一)该阶段金融稳定的特点

1.出现股市剧烈动荡

2014 年年末至 2015 年年初,沪深两市股票价格持续上涨,2015 年 6 月 15 日,上证综指达到最高点位 5178.19 点后,迎来急剧下跌,连续跌破 5000、4000 和 3000 点大关。从 2015 年 6 月 15 日到 8 月 26 日,上证指数从 5178 点跌到 2850 点,股指暴跌了 2328 点,跌幅高达 45%。[①] 大多数公司的股价被腰斩,不少个股的跌幅超过了 60% 甚至更多。不仅投资者的财富大幅缩水,数百万的中产阶级被消灭, 投资者的信心也遭到严重的摧残, 甚至出现 13 个交易日里千股跌停局面,大量投资者逃离股票市场。

2.人民币汇率出现波动

在此阶段,人民币汇率出现了波动和贬值。2015 年 8 月 11 日至 13 日,人民币出现了较大幅度的贬值,这三天人民币对美元分别较前个交易日贬值 1.8%、1.6% 和 1.1%,此后人民币对美元逐渐贬值,从 2015 年 8 月 10 日的 1 美元兑换 6.11 元人民币降为 12 月 31 日的 1 美元兑换 6.49 元人民币,累计贬值幅度达到 6.17%。2018 年随着中美贸易摩擦的发生和加剧,人民币在此出现贬值, 由 2018 年 3 月 1 日的 1 美元兑换 6.34 元人民币降至 2019 年 12 月 31 日的 1 美元兑换 6.98 元人民币,贬值幅度高达 10.1%。[②]

(二)该阶段金融不稳定的原因

1. 股票市场高杠杆率及去杠杆导致 2015 年的股市波动

2015 年 2 月 5 日、3 月 1 日、4 月 20 日、5 月 11 日、6 月 28 日中国人民

---

① 万德金融终端.上证综合指数[DB/OL].[2021−07−20].

② 人民币汇率中间价.国家外汇管理局[DB/OL].[2022−01−08].https://www.safe.gov.cn/safe/rmbh-lzjj/index.html.

银行频繁降息降准,4月13日起A股市场对投资者全面放开"一人一户"限制,股民最多可在20家证券公司开设20个账户。充足的资金和宽松的投资政策,导致大量投资者涌入股票市场,引发股票价格快速上涨。随着股票价格的上行,中国股票市场的羊群效应凸显,大量散户盲目进入股票市场,股票交易活跃。2015年4月20日,中国A股当天的成交金额达到了1.8万亿元人民币,[①] 接下来的半个月,沪深两市合计成交超两万亿,日成交2.37万亿。2015年GDP环比增速为1.9%,[②] 而同期上证综指上涨高达15.87%,[③] 这种趋势在2015年第二季度更加突出,股票市场价格上涨速度远远超出了经济增速,股票市场出现泡沫。

与此同时金融股票市场的资金有大量来自融资融券交易,股票市场杠杆率攀升,2015年6月18日融资融券规模已达到2.27万亿,[④] 过快上涨的股价和过高的杠杆率引起了证券监管部门的重视。2015年6月12日,中国证券业协会发布的《证券公司外部接入信息系统评估认证规范》严查券商场外配资。6月13日,证监会再次强调"禁止证券公司为场外配资活动提供便利";随着金融机构降杠杆,前期大涨的个股开始暴跌,高比例配资账户爆仓,配资平台为自保开始强制平仓,使得更多的股票暴跌,最终导致非配资账户也开始抛售股票。

2.中美贸易摩擦

2018年3月22日,美国公布《对华301调查报告》,并宣称将对价值500亿美元的中国商品加征25%的关税,其后美国又在2018年6月15日、7月10日、8月1日、9月7日多次宣布对中国不同金额的进口商品加征关税,中国也采取了反制措施,宣布对相同金额的美国商品加征关税。2018年12月,在贸易战短暂休战90天后,美国于2019年5月再次宣布将对价值2000亿

---

① 证券日报.天量剧震验牛市成色A股后市三大看点[EB/OL].(2016-04-21)[2022-01-08].http://finance.ce.cn/rolling/201504/21/t20150421_5163958.shtml.

② 万德金融终端.上证综指[DB/OL].[2021-07-20].

③ 国家统计局:国内生产总值环比增长速度[DB/OL].[2022-01-08].http://https--data--stats--gov--cn.proxy.www.stats.gov.cn/easyquery.htm?cn=B01.

④ 吴黎华.A股去杠杆临近尾声[EB/OL].(2015-09-08)[2022-01-08].http://www.szjczs.com/opinion/zlmxy.htm?2015-09/08/c_134599597.htm.

美元的中国商品加征关税。持久的中美贸易摩擦对中国的出口贸易产生了不利影响,也引起了对人民币需求的减少,造成人民币较大幅度的贬值。

3.汇率体制改革

2015 年下半年,人民币汇率持续下跌,8 月 11 日中国央行启动新汇改措施,一次性允许人民币相对美元贬值 2%,对全球投资者信心造成了冲击,并引发了 2015 年又一轮的股市动荡。

(三)该阶段政府维持金融稳定的措施

1.防范化解局部金融风险

这一时期金融风险防范的重点在于:要在发展中逐步解决地方融资平台贷款风险问题;要继续坚持"增供应、抑投机、调结构"的基本政策方向;要坚持"规范与严厉打击相结合"的原则,理顺民间借贷问题;要建立多层次融资体系,化解中小企业融资困局;要在金融改革的同时,把防范系统性金融风险放在未来经济工作的首位。

2.实施稳健货币政策与汇率政策

我国央行实施了一系列稳健的货币政策,来处理经济增长、结构增长、物价水平三者间的关系,主要包括:下调存款准备金率、金融机构人民币存贷款基准利率,加强对金融机构的窗口指导,引导金融机构优化信贷结构;实施了一系列汇率政策,央行宣布自 2012 年 4 月 16 日起银行间即期外汇市场人民币兑美元交易价浮动幅度由千分之五扩大至百分之一,将外汇指定银行为客户提供的人民币对美元现汇买卖差价幅度由 1% 扩大至 2%。作为扩大汇率浮动幅度的配套安排,央行外汇操作方式也进行了适应性调整,大幅减少了外汇干预。另外,自 2012 年 6 月 1 日起在银行间外汇市场推出人民币对日元直接交易,引入直接交易做市商,改进人民币对日元中间价形成方式,提高外汇市场流动性。

2018 年,人民银行通过定向降准、放量操作 MLF、MLF 担保品扩容、加大逆回购等政策工具,满足短期和中长期资金需求;人民币汇率方面,为预防资本外流风险加剧,人民银行对资本管制的力度加大;债券市场方面,经济下行预期加大,避险情绪明显上升,人民银行为了应对贸易战而采取保持金融体系流动性较为宽松的策略,从而在基本面和流动性上对债市形成利好;

3.加强金融监管力度

2012 年,我国先后出台了《非金融企业债务融资工具市场自律处分规则》《关于进一步扩大信贷资产证券化试点有关事项的通知》《关于人民法院为防范化解金融风险和推进金融改革发展提供司法保障的指导意见》等一系列证券业、保险业、房地产业的意见和法律法规,加强金融监管,以制度建设保障中国的金融稳定。

2015 年股市波动时,为防止市场恐慌并进一步演变为新一轮金融危机,政府降准降息以释放流动性,采取了严厉打击恶意卖空等多种措施,国务院迅速连同证监会、中国人民银行、上海证券交易所、深圳证券交易所、银监会、保监会(银监会和保监会合并为中国银行保险监督管理委员会)、外汇管理局、公安部、中国金融期货交易所等各监管机构联合出台众多临时性措施,启动行政手段、法律手段和市场手段,共同为维护市场稳定做出努力。同时中央汇金联合中信证券等 21 家证券公司集中购入 A 股上市公司股票,代表政府救市力量进行增资持股,组建"国家队"以直接注资增持 A 股、申购公募基金等方式为基金市场提供流动性。

2018 年 4 月 10 日,习近平同志在博鳌亚洲论坛上提出要扩大对外开放,强调在服务业特别是金融业方面,加大开放力度。6 月 28 日,国家发改委、商务部发布了《外商投资准入特别管理措施(负面清单)(2018 年版)》,在 22 个领域推出新一轮开放措施,大幅放宽准入条件。

总之,这一阶段的特点是中央开始高度关注国际国内金融稳定。面对 2015 年的"股灾"和 2018 年中美贸易战,均在货币政策、流动性、人民币汇率、股市、债市、贸易金融、金融开放等多个方面采取了有效政策来化解金融风险。

第二节　中国金融稳定的现状及隐患分析

中国改革开放后经济迅速发展,经济体制改革快速推进,宏观经济稳定,从未出现过金融危机,但是快速的经济发展和长期的风险积累也导致中国金融体系保持稳定的压力加大。2015年10月29日,习近平同志在党的十八届五中全会第二次全体会议强调:"今后五年,可能是我国发展面临的各方面风险不断积累甚至集中显露的时期……我们必须把防风险摆在突出位置,'图之于未萌,虑之于未有',力争不出现重大风险或在出现重大风险时扛得住、过得去。"[①]在2017年7月14日至15日的"全国金融工作会议"上,习近平同志强调"要把国有企业降杠杆作为重中之重,抓好处置'僵尸企业'工作。各级地方党委和政府要树立正确政绩观,严控地方政府债务增量,终身问责,倒查责任。要坚决整治严重干扰金融市场秩序的行为,严格规范金融市场交易行为,规范金融综合经营和产融结合,加强互联网金融监管,强化金融机构防范风险主体责任。要加强社会信用体系建设,健全符合我国国情的金融法治体系"[②]。从中共中央防范系统性金融风险保持金融安全的多次会议精神中,可以总结出影响中国金融安全的因素主要有实体经济高杠杆、地方政府负债水平高、互联网金融、泡沫经济、金融法治体制不完善。

(一)实体经济高杠杆率

2016年5月16日,习近平同志在中央财经领导小组第十三次会议上提出,当前重点是"企业去杠杆,既减少实体经济债务和利息负担,又在宏观上防范金融风险"。2017年全国金融工作会和党的十九大报告再次强调去杠杆。实体经济高杠杆率意味着企业负债水平高,当企业的到期债务本息超出当期其现金流入,就形成庞氏(Ponzi)企业,可能导致企业资不抵债、破产倒闭。经济体中庞氏企业,特别是长期依靠借债维持经营的僵尸企业数量越多,其积累的难以偿还的负债越多,金融体系越脆弱。

衡量企业杠杆率最常用的指标是产权比率,图7-2是2261家沪深A股上市企业(非金融类)2008年第一季度至2018年第四季度产权比率的算术平均值,具有一定的代表性,图7-2显示,这些上市企业的产权比率在2008年至2016年第一季度之间基本保持稳定且低于2,2016年第二季度至2017

---

① 习近平.习近平谈治国理政(第二卷)[M]. 北京:外文出版社,2017:81.

② 习近平.习近平谈治国理政(第二卷)[M]. 北京:外文出版社,2017:280.

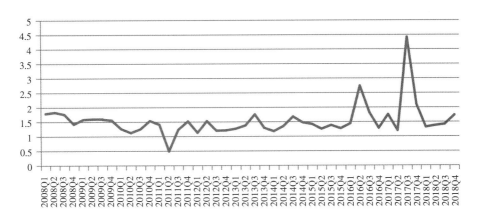

图 7-2　部分 A 股上市企业(非金融)的产权比率(%)

数据来源:Wind 数据库整理得出

年第四季度开始产权比率出现较大上下波动,2018 年起又逐步下降回稳,总体看非金融类上市企业的杠债务风险可控,但是 2016—2018 年波动幅度较大,需要关注。

(二)地方政府债务过多

习近平同志在 2013 年 12 月 10 日在中央经济工作会议、2017 年的全国金融工作会、2018 年 3 月 5 日参加十三届全国人大一次会议内蒙古代表团审议、2018 年 4 月 2 日中央财经委员会第一次会议时都明确指出要高度关注地方债务,控制地方债务规模,党的十九大报告中也强调加快建立“区域均衡的中央和地方财政关系”“建立全面透明、标准科学、约束有力的预算制度”①。说明地方政府债问题是新时代中国特色社会主义金融安全观高度关注的潜在金融风险。

地方政府债务由银行贷款和发行地方政府债券共同形成,多用于地方行政事业开支和地方公共设施建设,投资规模大、期限长、回报率低,债务周期与投资周期常常不匹配、地方政府债务利息与收益不对等,增加了地方政

---

① 习近平. 决胜全面建成小康社会夺取新时代中国特色社会主义伟大胜利——在中国共产党第十九次全国代表大会上的报告[M]. 人民出版社,2017:34.

府债务的信用风险;高额政府债务导致地方政府对土地财政的依赖性增强,并通过土地抵押贷款的方式变相增加货币供应量,削弱了政府宏观调控的能力。

表7-1是中国地方政府债务余额,该表显示,中国地方政府债务余额

表7-1　中国地方政府债务余额

年份	地方政府债务余额(亿元)	占GDP的比重
1996	2399.31	3.34%
1997	2994.81	3.76%
1998	4438.31	5.21%
1999	5917.17	6.53%
2000	7888.77	7.87%
2001	10517.30	9.49%
2002	14021.67	11.52%
2003	17712.17	12.89%
2004	22374.02	13.82%
2005	28262.86	15.09%
2006	35701.64	16.27%
2007	45098.31	16.69%
2008	55687.40	17.43%
2009	90169.03	25.83%
2010	107174.9	25.95%
2012	158858.3	29.40%
2013	178908.2	30.06%
2014	154074.6	23.93%
2015	147568.4	21.42%
2016	153164	20.60%
2017	164706	19.91%
2018	183862	20.42%

数据来源:1996—2013 年地方政府债务余额数据来源于《2011 年第 35 号:全国地方政府性债务审计结果》《全国政府性债务审计结果(2013 年 12 月 30 日公告)》中华人民共和国审计署网站,http://www.audit.gov.cn/n5/n25/c63566/content.html、http://www.audit.gov.cn/n5/n25/c63642/content.htm;2014—2018 年地方政府债务余额数据来源于中华人民共和国财政部预算司 http://www.mof.gov.cn/zhengwuxinxi/caizhengshuju/index_1.htm; GDP 数据来源于中华人民共和国国家统计局网站,http://data.stats.gov.cn/easyquery.htm?cn=B01。

注:地方政府债务余额包括地方政府负有偿还责任的债务余额、负有担保责任的债务余额和可能承担一定救助责任的债务余额。1996—2009 年地方政府债务余额数据是根据 2010 年国家审计署的《2011 年第 35 号:全国地方政府性债务审计结果》中债务余额的年增长率计算得出。2013 年地方政府债务余额为截至 2013 年 6 月份数据。

在 2013 年达到峰值,占 GDP 的比重高达 30%,2014—2018 年地方政府债务增速放缓,占 GDP 的 20%左右。地方政府债务总额占 GDP 的比例没有超过 60%的警戒线,总体风险可控,但是应该避免地方政府债务的进一步增加。

(三)金融科技带来新的金融风险

2010 年之后,中国金融科技迅速发展,目前的主要业态有互联网借贷、第三方支付、互联网股权众筹、互联网消费金融、互联网金融网销。互联网金融迅速发展在推动金融业迅速发展、便利投资和消费的同时,也带来了新的风险。

金融科技带来的主要金融风险是信息不对称引起的逆向选择和道德风险:互联网借贷平台(P2P)、互联网网销、互联网众筹都存在着资金供给者由于信息不对称引发的逆向选择问题,同样也存在着筹资者从事高风险资金利用行为的道德风险。易于获得且没有明确用途限制的现金贷增加了个人和家庭的杠杆率,加剧了金融体系的信用风险和流动性风险。同时,为了能够吸引更多的用户,金融机构不断进行以高收益、灵活、便利、规避监管为特征的金融科技创新,创新速度超出了金融监管制度调整的速度,产生了金融监管难以覆盖的新风险。

第三方支付是金融科技中发展迅速的领域,2019 年 1—6 月第三方互联网支付金额达到 12.9 万亿元,第三方移动支付金额为 110.4 万亿元,分别是 2013 年全年第三方互联网支付金额的 2.4 倍、第三方移动支付金额的 92 倍。[①]互联网网销金融产品期限和种类趋于多元化,截至 2019 年 6 月互联网理财用户规模达到 1.7 亿,占网民整体的 19.9%。[②]目前互联网第三方支付和互联网网销金融产品没有出现大规模的金融风险事件。但是互联网借贷信用风险较为突出,截至 2019 年 6 月,中国互联网借贷(P2P)平台累计 6616 家,其中累计问题平台数量达到 2806 家,正常运营平台 721 家,累计问题平台占到 P2P 累计总数的 42.4%。[③]

(四)泡沫经济风险

习近平同志在 2013 年 12 月 10 日的中央经济工作会议、2014 年 11 月 6 日的中央财经领导小组第八次会议、2015 年 11 月 3 日的关于《中共中央关于制定国民经济和社会发展第十三个五年规划的建议》的说明、2014 年 11 月 6 日中央财经领导小组第八次会议、2016 年 9 月 2 日 G20 杭州峰会致辞、2015 年 11 月 10 日中央财经领导小组第十一次会议、2017 年 2 月 28 日中央财经领导小组第十五次会议上多次谈到防范泡沫经济风险,维持房价稳定,2017 年 7 月 14—15 日的全国金融工作会议上习近平同志指出要让金融"回归本源"[④]服务实体经济,2017 年 10 月 18 日在党的十九大报告上强调"坚持房子是用来住的、不是用来炒的定位"[⑤]。1994—2019 年,中国货币供应量增速较快:从 1994 年 12 月至 2019 年 9 月中国货币供应量由 46 923.50 亿元增至 1 952 250.49 亿元,25 年间货币供应量增

① 艾瑞咨询. 2019H1 中国第三方支付行业数据发布报告[EB]. (2019–10–15)[2019–10–26]. http://report.iresearch.cn/report/201910/3454.shtml.

② 中国互联网络信息中心. 第 44 次中国互联网络发展状况统计报告[R/OL].(2019–08–30) [2019–09–26].

③ 网贷之家.网贷数据[DB/OL]. (2019–09–26)[2019–09–26].https://shuju.wdzj.com/industry-list. html.

④ 习近平.习近平谈治国理政(第二卷)[M]. 北京:外文出版社,2017:278.

⑤ 习近平.决胜全面建成小康社会夺取新时代中国特色社会主义伟大胜利——在中国共产党第十九次全国代表大会上的报告[M]. 北京:人民出版社,2017:47.

长超过40倍。[1]这导致中国泡沫经济风险加大,集中表现在中国房地产价格偏高,大量资金流向非生产领域投资,增加商业银行面临的信用风险,引发脱实向虚并且带来泡沫破裂风险。

1.中国房价收入比偏高

衡量房地产泡沫化程度的重要指标是房价收入比,3—6倍为该比例公认的合理区间,图7-3为2006—2018年中国的房价收入比,虽然该比例呈现下降的趋势,但是仍然偏高,在作为样本的13年中有6年的房价收入比超过合理区间,其余年份也接近合理区间的上限,这里计算的房价收入比是全国平均水平,大型城市的房价收入比均高出全国房价收入比的平均水平,说明中国的房地产存在一定的泡沫风险。

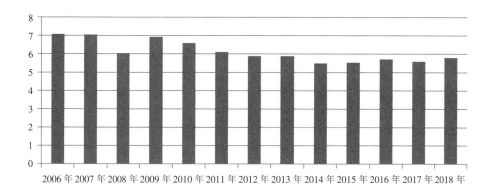

图7-3　中国房价收入比(2006—2018年)

数据来源:中国国家统计局网站,http://data.stats.gov.cn/easyquery.htm?cn=C01.

注:该比例由笔者以三人家庭购买80平方米住房计算得出,其中房价是按照"住宅商品房销售价格"乘以80计算,家庭收入是以"城镇居民人均可支配收入(2013—2018年)"或者"城镇居民家庭人均可支配收入(2006—2012年)"乘以3计算。

2.商业银行贷款过度集中于房地产

伴随着偏高的商品房价格,商业银行贷款相对集中于房地产领域给商业银行带来了风险,一旦出现房地产市场价格波动可能给商业银行带来严重损

---

① 万德金融终端.经济数据库[DB/OL]. (2019-09-16)[2019-09-26].

失和流动性问题。表 7-2 为 2009—2018 年中国房地产贷款总额及个人住房贷款余额数据,该表显示:2009 年以来中国商业银行发放的房地产贷款占全部贷款余额的比例不断上升,截至 2018 年底,该比例已经上升至 28.39%。

表 7-2　2009—2018 年中国房地产贷款总额及个人住房贷款余额

年份	人民币房地产贷款余额 (万亿元)	同比 增长	占全部贷款 余额的比例	个人房贷余额 (万亿元)
2009	7.39	30.70%	22.48%	1.40①
2010	9.42	27.50%	19.91%	1.81②
2011	10.73	13.90%	19.58%	7.14③
2012	12.11	12.80%	19.23%	8.10
2013	14.61	19.10%	20.32%	9.80
2014	17.37	18.90%	21.27%	11.52
2015	21.01	21.00%	22.36%	14.18
2016	26.68	27.00%	25.03%	19.14
2017	32.20	20.90%	26.81%	21.90
2018	38.7	20%	28.39%	25.75

数据来源:《中国人民银行金融机构贷款投向统计报告(2009-2018)》,http://www.pbc.gov.cn/goutongjiaoliu/113456/113469/3466218/index.html.

注:其中 2009 年和 2010 年的"人民币房地产贷款总额"由作者根据《中国人民银行金融机构贷款投向统计报告(2009-2011)》公布的年同比增长率计算得出。

3.资本脱实向虚现象较为突出

快速增长的房地产价格,导致资本脱离实体经济,2018 年中国商品房销售金额高达 15 万亿元,远远超出了当年全年新增股票市场融资额与公司债券发行额之和 2.83 万亿元人民币①,这意味着 2018 直接流入房地产市场的

---

① 中国人民银行调查统计司. 社会融资规模增量统计表 [EB/OL].[2019-09-26].http://www.pbc.gov.cn/diaochatongjisi/116219/116319/3245697/3245811/index.html.
② 同上
③ 同上

资金总额是流入实体经济的五倍多。

(五)金融监管体系仍需完善

2015 年 11 月 3 日习近平同志在关于《中共中央关于制定国民经济和社会发展第十三个五年规划的建议》的说明中提出,"现行监管框架存在着不适应我国金融业发展的体制性矛盾",要"加快建立符合现代金融特点、统筹协调监管、有力有效的现代金融监管框架"[①];在 2017 年 7 月 14—15 日的全国金融工作会议上指出"强化监管,提高防范化解金融风险能力"[②];2017 年 10 月 18 日,党的十九大报告中再次强调"健全金融监管体系"[③]。中国近五年来出台了大量的法律法规对金融创新和互联网金融进行监管,但是监管法律体系与快速发展的金融实践相比,仍存在一些不足之处。

1.缺乏一部统一的金融监管法

中国尚无统一的《金融监管法》,金融监管的法律法规散见于《中华人民共和国证券法》《中华人民共和国公司法》《中华人民共和国商业银行法》《中华人民共和国银行业监督管理法》《中华人民共和国中国人民银行法》《中华人民共和国保险法》《中华人民共和国票据法》《中华人民共和国信托法》《中华人民共和国证券基金投资法》为基础的法律以及众多的行政法规和命令中,这种现象主要是由于中国金融创新和发展速度快、法律调整程序较为复杂,金融监管部门不得不在现有法律基础上制定发布行政法规和命令以弥补法律不足,满足监管需要。但是金融监管法律法规分散给监管造成了困难,以上市企业股票发行与流通监管为例,涉及的法律法规包括《证券法》《公司法》《股票发行与交易管理暂行条例》《上市公司证券发行管理办法》《证券市场资信评级业务管理暂行办法》《证券发行与承销管理办法》《上市公司信息披露管理办法》《证券市场禁入规定》《上市公司并购重组财务顾问

---

① 习近平.关于《中共中央关于制定国民经济和社会发展第十三个五年规划的建议》的说明[M]//中国共产党第十八届中央委员会第五次全体会议文件汇编.北京:人民出版社,2015:110.

② 习近平.习近平谈治国理政(第二卷)[M].北京:外文出版社,2017:279.

③ 习近平.决胜全面建成小康社会夺取新时代中国特色社会主义伟大胜利——在中国共产党第十九次全国代表大会上的报告[M].人民出版社,2017:34.

业务管理办法》《上市公司股东、董监高减持股份的若干规定》《上市公司股东大会规则》《上市公司董事、监事和高级管理人员所持本公司股份及其变动管理规则》《上市公司非公开发行股票实施细则的决定》《公司债券发行与交易管理办法》《上市公司证券发行管理办法》等,众多分散的监管条款不利于监管者确定监管依据,容易造成被监管者因不了解法规导致的违法违规。

2.金融科技法律体系不完善

随着互联网金融的快速发展,新型的互联网金融业务不断涌现,给金融监管带来了新的挑战。目前中国互联网金融法律体系尚不健全。金融产品互联网销售只是金融产品在互联网上销售,其监管可以参照对应的金融产品管理,但是其他互联网金融形式,如互联网众筹、互联网消费金融、互联网P2P借贷、互联网第三方支付等在传统金融业务的基础上将互联网与金融业务结合创新,产生了新的金融风险。互联网金融监管主要是行政法规和命令形式,涉及的领域有:明确互联网金融监管者的《关于促进互联网金融健康发展的指导意见》、监管P2P互联网借贷的《P2P网络借贷风险专项整治工作实施方案》、涉及互联网支付的《非金融机构支付服务管理办法》《支付机构客户备付金管理办法》《中国人民银行办公厅关于实施支付机构客户备付金集中存管有关事项的通知》《中国人民银行办公厅关于调整支付机构客户备付金集中交存比例的通知》等、加强互联网消费金融监管的《中国银监会关于银行业风险防控工作的指导意见》等。由此可见,中国金融科技缺乏法律层级较高的互联网金融法律体系,特别是在互联网股权众筹、互联网消费金融方面缺乏针对性的监管法律法规,金融科技监管的法律体系尚待完善。

上述数据显示中国实体企业的杠杆率得到了有效控制,地方政府债务问题有所缓解,地方政府债务占GDP的比例逐步下降,这表明中国金融系统风险总体可控,金融体系较为安全。但是,金融科技的迅速发展、泡沫经济、金融法治体制不完善等问题带来的金融风险仍然较为突出,特别是商业银行接近30%的贷款集中在房地产领域、商品房价格偏高的问题值得高度关注。

(六)金融双向开放加剧金融风险

金融双向开放对金融脆弱性的影响是双向的:一方面,金融双向开放通过提高资源配置效率、降低交易成本、促使经济主体按照市场机制理性行为消除和降低了金融管制的金融风险;另一方面,随着市场机制在金融市场中的作用日益强大,伴随市场失灵的各种金融风险会在金融双向开放过程中显现出来,又不可避免地带来了新的金融风险。因此,金融双向开放对金融脆弱性有着双向的影响。

1.金融双向开放会加剧政策性风险

政策性风险是环境风险的一种。所谓政策性风险是指由于金融政策和其他经济政策、政治导向和社会政策、文化政策等在科学、配套上的水平和变化而引起金融波动,从而使经济主体产生损失的可能性。在金融双向开放条件下,政府货币政策自主性下降,金融双向开放意味着汇率自由化、资本项目对外开放,中国金融市场和世界金融市场紧密联系在一起,使用货币政策调控宏观经济时不可避免地产生货币政策的"溢出效应","溢出效应"不但使中国货币政策作用影响到国外经济变量, 也使得外国货币政策影响到中国货币政策的有效性。国外宏观经济政策对中国的"溢入"和中国宏观经济政策对国外的"溢出"都是宏观经济政策外部不经济的表现,由于金融双向开放,这种经济政策的负外部性影响到中国经济政策效果,产生政策性风险。

2.金融双向开放可能导致形势风险

金融双向开放使中国的金融市场深度融入国际金融市场,受到他国家金融市场影响日趋强烈,金融现象在国际的传递渠道也随之拓宽,这使得各国的金融现象尤其是金融危机更容易在国家间传导,加剧了国际经济形势对国内金融的影响,导致形势风险。

金融双向开放放大的金融危机传导机制主要有以下四种:一是金融资产相互持有,在金融双向开放条件下,中国金融机构持有外国企业和金融机构的金融资产将增加,一旦国外出现金融危机,企业、金融机构偿债能力减弱或者倒闭,中国的金融机构必然会受到影响,出现金融动荡;二是相互直接投资增加,随着金融双向开放,中国企业在国外的直接投资将增加,外国资本也会大量进入中国进行直接投资,当国外出现金融危机时,中国在国外直接投资项目可能受损,外国在中国直接投资项目可能会因为母公司危机而撤出中国,给中国金融市场带来冲击;三是更为便利的国际游资跨国流动,在金融双向开放后,中国的资本项目全面对外开放,国际游资可以在中国的资本和货币市场从事投资活动,当邻近国家发生金融危机时,国际游资可能从中国市场逃离,带来金融工具价格急剧下跌,引发中国金融动荡;四是投资者的羊群效应更为明显,在金融双向开放后,投资者不但需要关注国内金融市场变化,也会关注他国金融市场波动对中国的影响,当国外金融市场动荡时,恐慌情绪可能在投资者中蔓延,并使投资者从众地抛售金融资产,引发中国国内金融动荡。

3.金融双向开放会加剧资本市场风险

金融双向开放意味着资本项目对外开放,能够为资本市场注入更多的资金和活力,但同时也带来了新的资本市场风险。首先,金融双向开放加大了经济对资本市场的依赖,加剧系统性金融动荡的风险。金融双向开放条件下,国外资本可以进入资本市场进行投资活动,资本市场的需求上升,资本市场交易量也会随之上升。在资本市场上筹资和投资的不仅包括个人投资者、金融机构、企业和国家也会在资本市场融资,经济对资本市场的依赖加大,任何的资本市场动荡,都会对上至政府下至每个社会公众产生极大的影响,造成巨大的社会经济损失,系统性金融动荡的风险加大。其次,金融双向开放可能引发国外游资对本国资本市场的冲击,金融双向开放取消了对资金流动的限制,国外游资对国内市场变动异常敏感,一旦有投机机会,便会大量拥入国内资本市场以获取利润,尤其是资本市场中的房地产金融市场、债券市场和股票市场更是国际游资追击的热点,但同时只要有任何的不利信息,便会出现资本大量抽逃,金融资产价格狂跌,引发金融市场动荡。

4.金融资产价格市场化导致外汇市场风险

金融双向开放伴随着利率和汇率的自由浮动,汇率和利率的自由浮动加大了国外资金的使用规模,也带来了更大的外汇市场风险,这主要表现在以下两个方面:一方面,汇率的频率波动为以外币计价的交易和借贷活动带来了风险,在金融双向开放条件下,汇率是根据本币及外币供求状况自由波动的,国际资金的频繁流动、本外币供求的不断变化,使得本币对外币汇率波动频繁,在以外币计价进行的交易或借贷活动中,一旦计价外币的币值上升,支付同样数额的外汇资金所需的本币增加,对于中国的付款人或借款人来说,其债务负担加重,偿还风险相应加大;另一方面,利率、汇率的波动为国际投机提供了机会,在金融双向开放条件下,资金流动障碍减少,当国内市场的利率或汇率与国外金融市场有差异时,便会有大量国外资金流入或流出进行套汇活动,这种投机活动不但加剧了利率汇率的波动,还给国家的宏观调控造成困难,一旦游资大量抽逃便会引起金融动荡。总之,金融双向开放下汇率和利率的波动、资金的自由流动都给外汇市场带来了更多的风险。

5.金融双向开放增加了金融运作主体的决策风险和操作风险

金融双向开放条件下,利率、汇率完全市场化,资本项目对外开放,经济主体面临金融资产价格波动加大的情况,面对着复杂多变的市场和国际游资干扰,做出正确的金融决策更加困难,操作风险不断加大。首先,频繁的资产价格波动使得金融主体极易因决策不及时、预期不准确而遭受损失,对金融机构更是如此,金融机构采用资产负债联合管理方式管理资金,要根据对利率变动的预测及时调整利率敏感性资金缺口,当预期利率上升时,金融机构应该增加可变利率资产而减少可变利率负债构造一个资金正缺口,相反当预期利率下降时,金融机构应该构造一个资金负口,这样金融机构就可以增加收益降低成本,但这种方法对金融机构的决策能力要求极高,频率变动的利率很可能使金融机构因资产缺口和时间控制不当而造成损失。其次,金融机构的竞争增加了操作风险。在金融双向开放条件下,利率完全市场化,竞争使金融机构的逆差减小、利润率下降,这加剧了金融机构道德风险,金融机构为了获取较高的利润,可能会转向投资高风险高收益的项目,这种行为加大了金融机构的投资失败的风险。

6.金融双向开放的步骤是影响金融脆弱性重要因素

金融双向开放的合理步骤能够有效减小金融脆弱性。如果在金融双向开放的步骤不合理,在汇率市场化前率先开放资本项目。可能带来国外投机者对本币的冲击,在汇率尚未市场化前,汇率仍由政府控制并进行调控,僵化的汇率体制就为国外投机者提供了投机机会,由于资本项目开放,大量国际游资可以进入国内金融市场投机本币,并通过国家对汇率的调控赚取大量利润。因此,在金融双向开放过程中,金融开放的顺序在相当大的程度上影响着金融风险的产生,合理的金融开放顺序可以把金融风险产生的可能性降到最低。

第三节　中国维护金融稳定的思想基础：
中国特色社会主义金融安全观

党的十八大之后，习近平同志曾在 2013 年 12 月 10 日中央经济工作会议、2014 年 11 月 6 日中央财经领导小组第八次会议、2015 年 10 月 29 日十八届五中全会第二次全体会议、2015 年 11 月 3 日关于《中共中央关于制定国民经济和社会发展第十三个五年规划的建议》的说明、2015 年 11 月 10 日中央财经领导小组第十一次会议、2016 年 5 月 16 日中央财经领导小组第十三次会议、2016 年 9 月 2 日 G20 杭州峰会致辞、2017 年 2 月 28 日在中央财经领导小组第十五次会议、2017 年 4 月 25 日中央政治局第四十次集中学习、2017 年 5 月 14 日"一带一路"论坛开幕式、2017 年 7 月 14—15 日全国金融工作会议、2017 年 10 月 18 日党的十九大报告、2018 年 3 月参加十三届全国人大一次会议内蒙古代表团审议、2018 年 4 月 2 日中央财经委员会第一次会议、2019 年 1 月 21 日省部级主要领导干部坚持底线思维着力防范化解重大风险专题研讨班、2019 年 2 月 22 日中共中央政治局集体学习、2019 年 10 月 31 日中国共产党第十九届中央委员会第四次全体会议等重要会议和讲话中都强调维持金融安全、防范系统性金融风险的思想。

一、新时代中国特色社会主义金融安全观的发展脉络

新时代中国特色社会主义金融安全观经历了由外及内、由广泛到聚焦、由经济稳定及金融安全的过程，即由关注国际金融不稳定转变为强调国内金融风险、由对经济稳定逐渐聚焦到经济稳定的核心金融稳定、由单一金融稳定视角上升到国家安全高度。

（一）第一阶段（2013—2014 年）：防范局部风险升级

这一阶段强调建立国际金融安全网，防范局部风险升级。2013—2014 年美国和欧洲尚未摆脱经济萧条，次贷危机和欧债危机对其他国家的影响较

大,在这种背景下,新时代中国特色社会主义金融安全观主要强调维持国际金融体系稳定,"建立抗风险的国际货币体系"[①] "加强国际金融安全网络"[②] "建立金融风险防火墙"[③]。这一阶段对金融风险的关注在"局部性风险"上:2013 年 12 月 10 日中央经济工作会议的讲话中,习近平同志提出"我们注重处理好经济社会发展各类问题……既高度关注产能过剩、地方债务、房地产市场、影子银行、群体性事件等风险点,又采取有效措施化解区域性和系统性金融风险,防范局部性问题演变为全局性风险"[④];2014 年 10 月 20 日在党的十八届四中全会第一次全体会议上关于中央政治局工作的报告再次强调,"重点做好稳定经济增长、促进就业扩大、优化经济结构、化解产能过剩、防控债务风险、抑制资产泡沫、治理环境污染等方面工作,有针对性地解决突出矛盾和问题"[⑤],两次会议都强调区域性风险和局部性金融风险,注重防范金融风险的扩大与演变。另外,这一阶段更注重经济安全而非金融安全,在 2014 年 4 月 15 日在中央国家安全委员会第一次会议上,习近平同志指出"必须坚持总体国家安全观,以人民安全为宗旨,以政治安全为根本,以经济安全为基础,以军事、文化、社会安全为保障,以促进国际安全为依托,走出一条中国特色国家安全道路"[⑥]。总之,这一阶段金融安全思想的特点是:强调国际金融安全、经济稳定和防范局部风险升级。

(二)第二阶段(2015—2017 年 3 月):强调"守住不发生系统性金融风险的底线"

2015 年美欧经济逐步复苏,中国经济增长放缓,2015 年 6 月中国出现

---

① ② 习近平.共同维护和发展开放型世界经济 (2013 年 9 月 5 日)[M]// 中共中央文献研究室.十八大以来重要文献选编(上).北京:中央文献出版社,2014:359.

③ 习近平.共同维护和发展开放型世界经济 (2013 年 9 月 5 日)[M]// 中共中央文献研究室.十八大以来重要文献选编(上).北京:中央文献出版社,2014:358.

④ 中共中央文献研究室.习近平关于社会主义经济建设论述摘编[M].北京:中央文献出版社,2017:319.

⑤ 中共中央文献研究室.习近平关于社会主义经济建设论述摘编[M].北京:中央文献出版社,2017:320.

⑥ 中共中央文献研究室.习近平关于社会主义社会建设论述摘编[M].北京:中央文献出版社,2017:170.

了较为剧烈的股票市场价格波动,2015 年 8 月国际外汇市场上出现了人民币汇率波动,中国金融体系的风险逐渐显现。习近平同志在谈到防控金融风险时,提出"守住不发生系统性金融风险的底线"。2015 年 11 月 3 日习近平同志在关于《中共中央关于制定国民经济和社会发展第十三个五年规划的建议》的说明中指出:"近来频繁显露的局部风险特别是近期资本市场的剧烈波动说明,现行监管框架存在着不适应我国金融业发展的体制性矛盾,也再次提醒我们必须通过改革保障金融安全,有效防范系统性风险。要坚持市场化改革方向,加快建立符合现代金融特点、统筹协调监管、有力有效的现代金融监管框架,坚守住不发生系统性风险的底线。"[1]这是在 2015 年股票市场价格动荡的背景下,提出的"十三五"期间金融工作的重点;2015 年 11 月 10 日中央财经领导小组第十一次会议[2]、2016 年 5 月 16 日中央财经领导小组第十三次会议[3]、2017 年 2 月 28 日中央财经领导小组第十五次会议[4],都指出"要防范金融风险"。这一阶段在国内金融资产价格波动的背景下,新时代中国特色社会主义金融安全观的防控重点由外来金融危机传导转变为中国国内的金融风险,由防范局部性风险转化为防范系统性金融风险,强调底线思维。

(三)第三阶段(2017 年 4 月至今):将金融安全提升为国家安全的重要组成部分

2017 年 4 月 25 日,习近平同志在中央政治局第四十次集体学习时指出,"金融是现代经济的核心,金融安全是国家安全的重要组成部分。必须充分认识金融在经济发展和社会生活中的重要地位和作用,切实把维护金融安全作为治国理政的一件大事,扎扎实实把金融工作做好。金融安全是国家

① 习近平.关于《中共中央关于制定国民经济和社会发展第十三个五年规划的建议》的说明[M]//中国共产党第十八届中央委员会第五次全体会议文件汇编.北京:人民出版社,2015:109-110.

② 新华社.金融活经济活金融稳经济稳 做好金融工作维护金融安全[N].人民日报,2017-04-27(1).

③ 习近平.习近平谈治国理政(第二卷)[M].北京:外文出版社,2017:278.

④ 新华社.加强党中央对经济工作的集中统一领导 打好决胜全面建成小康社会三大攻坚战[N].人民日报,2018-04-03(1).

安全的重要组成部分,是经济平稳健康发展的重要基础。维护金融安全,是关系我国经济社会发展全局的一件带有战略性、根本性的大事。金融活,经济活;金融稳,经济稳"①。首次提出金融安全是国家安全的重要组成部分,指出经济稳定的关键是金融稳定。在 2017 年 7 月 14—15 日的全国金融工作会议上,习近平同志指出"金融是国家重要的核心竞争力,金融安全是国家安全的重要组成部分, 金融制度是经济社会发展中重要的基础性制度""坚持稳中求进工作总基调,遵循金融发展规律,紧紧围绕服务实体经济、防控金融风险、深化金融改革三项任务"②;2018 年 4 月 2 日中央财经委员会第一次会议上,习近平同志指出"防范化解金融风险,事关国家安全、发展全局、人民财产安全,是实现高质量发展必须跨越的重大关口……打好防范化解金融风险攻坚战,要坚持底线思维,坚持稳中求进,抓住主要矛盾"③,从国家安全的角度强调了防控系统性金融风险的重要性。这一阶段新时代中国特色社会主义金融安全观的特点是:抓主要矛盾即保持经济稳定的关键是维持金融稳定,把金融安全上升到国家安全的高度,更加重视金融稳定。

二、相较于西方系统性金融风险防控理论的特点

西方研究系统性金融风险原因及对策的代表性理论有:Minsky 的金融脆弱性假说,Diamond 和 Dybvig 的金融挤兑模型,Kregel 提出的"安全边界说",Fisher 的"债务—通货紧缩理论",Stiglitz 和 Weiss 的"信息不对称说",Banerjee,Caplin 和 Leady 等的"羊群效应"导致金融脆弱性理论,Carlos,Aghion 等的金融自由化导致金融危机的理论。其共同之处在于通过定量分析,以某一次金融危机或者数理模型为依据,分析引发系统性金融风险的某

---

① 新华社. 深化金融供给侧结构性改革 增强金融服务实体经济能力 [N]. 人民日报,2019-02-24(1).

② 中共中央文献研究室.习近平关于社会主义经济建设论述摘编[M]. 北京:中央文献出版社,2017:321.

③ 中共中央文献研究室. 习近平关于社会主义经济建设论述摘编[M]. 北京:中央文献出版社,2017:320.

一个原因。其分析视角多从企业或者金融机构出发,分析企业行为、金融机构行为,或者金融机构行为如何引发系统性金融风险。

新时代中国特色社会主义金融安全观与西方系统性金融风险相关理论相比,具有以下特点:

(一)没有严格假设,针对中国具体国情

相对于西方金融风险理论建立在西方经济学严格假设前提下,与中国金融业的现状有显著的差异。而新时代中国特色社会主义金融安全观结合中国的实际情况分析在中国存在的系统性金融风险来源,指出的金融风险点包括"地方债务、房地产市场、影子银行"[1] "资产泡沫"[2] "僵尸企业"[3] "现行监管框架存在着不适应我国金融业发展的体制性矛盾"[4]。这些都是中国金融体系中存在的高风险隐患,是针对中国金融现状具体深入分析做出的判断。

(二)视角更为宏观,更强调政府的作用

除了金融自由化导致金融危机的理论以外,西方金融风险理论多从金融机构或者企业的角度分析,研究投资者和金融机构行为对金融风险的影响,得出的对策也是从企业或者金融机构风险管理的角度给出对策。但是新时代中国特色社会主义金融安全观更多地从宏观视角分析系统性风险出现的原因,从政府的角度提出如何通过政府调控防范金融风险:"各级地方党委和政府要树立正确政绩观"[5] "深化金融体制改革"[6] "健全双支柱调控框架"[1] "健全金融监管体系"[2] "强化监管"[3] "完善金融安全防线和风险应急处

---

① 习近平. 习近平谈治国理政(第二卷)[M]. 北京:外文出版社,2017:280.

② 习近平. 关于《中共中央关于制定国民经济和社会发展第十三个五年规划的建议》的说明[M]//中国共产党第十八届中央委员会第五次全体会议文件汇编. 北京:人民出版社,2015:110.

③ 习近平. 习近平谈治国理政(第二卷)[M]. 北京:外文出版社,2017:280.

④ 习近平. 决胜全面建成小康社会夺取新时代中国特色社会主义伟大胜利——在中国共产党第十九次全国代表大会上的报告[M]. 人民出版社,2017:34.

⑤ 习近平. 决胜全面建成小康社会夺取新时代中国特色社会主义伟大胜利——在中国共产党第十九次全国代表大会上的报告[M]. 人民出版社,2017:34.

置机制"④ 等对策都是从政府视角出发,提出政府在系统性金融防范中应该起到的作用。

(三)更注重对策分析

相对于西方系统性金融风险理论注重量化和原因分析,新时代中国特色社会主义金融安全观更重视对策提出,针对中国金融领域的风险隐患提出的对策包括:第一,"要推动经济去杠杆,坚定执行稳健的货币政策,处理好稳增长、调结构、控总量的关系。要把国有企业降杠杆作为重中之重,抓好处置'僵尸企业'工作"⑤。第二,"加快建立现代财政制度……建立全面规范透明、标准科学、约束有力的预算制度"⑥ "各级地方党委和政府要树立正确政绩观,严控地方政府债务增量"⑦。第三,"深化金融体制改革,增强金融服务实体经济能力,提高直接融资比重,促进多层次资本市场健康发展"⑧。第四,"健全货币政策和宏观审慎政策双支柱调控框架"⑨。第五,"健全金融监管体系"⑩ "强化监管,提高防范化解金融风险能力"⑪。

"科学防范,早识别、早预警、早发现、早处置,着力防范化解重点领域风险,着力完善金融安全防线和风险应急处置机制。"⑫

---

① 习近平. 习近平谈治国理政(第二卷)[M]. 北京:外文出版社,2017:279.

② 习近平. 习近平谈治国理政(第二卷)[M]. 北京:外文出版社,2017:280.

④ 习近平. 决胜全面建成小康社会夺取新时代中国特色社会主义伟大胜利——在中国共产党第十九次全国代表大会上的报告[M]. 人民出版社,2017:34.

⑨ 习近平. 习近平谈治国理政(第二卷)[M]. 北京:外文出版社,2017:279.

⑪ 中共中央关于坚持和完善中国特色社会主义制度推进国家治理体系和治理能力现代化若干重大问题的决定[M]. 北京:人民出版社,2019:20.

⑫ 习近平.习近平谈治国理政(第二卷)[M]. 北京:外文出版社,2017:81.

第四节　维护中国金融安全的政策建议
——基于金融安全观的分析

　　根据新时代金融安全观从防、控两方面维护金融安全的思想,针对当前影响中国金融安全关键问题——泡沫经济和金融监管制度不完善,中国货币当局和金融监管部门可以从金融基本制度完善的角度预防金融风险,以金融风险应急处置及时遏制金融风险,保持中国金融体系安全与稳定。

一、完善公司债券市场基本制度,引导资金流入实体经济

　　2018年以来,证监会出台和修订了众多股票市场的监管法规,涉及广为关注的股票首次公开发行制度、上市公司股票复停牌制度、退市制度、上市公司资产重组管理制度、信息披露制度、股东减持制度、科创板注册制试点等,覆盖了股票市场方方面面。但是相对于股票市场制度的高度关注和不断完善,资本市场的另一个重要组成部分债券市场制度建设较为滞后。因此,中国有必要通过债券市场制度建设,促进债券市场的发展和资本市场的建设,拓宽企业融资渠道。证监会可以从以下三个方面完善债券市场制度。

　　(一)建立公司债券公开发行注册制

　　根据2015年《公司债券发行与交易管理办法》第十六条规定,"公开发行公司债券,应当符合《证券法》《公司法》的相关规定,经中国证监会核准"。这表明公开发行债券实行审核制,审核制延长了企业直接融资的周期。证监会可以变公司债券公开发行的审核制为注册制,制定严格的信息披露标准,以发债公司的信息披露为审查重点,对信息披露充分的公司债券予以注册。通过披露发债公司的信息、债券评级和债券利率,充分体现债券的风险和收益,让投资者充分认识到风险,通过利率杠杆,满足不同风险偏好的投资者的投资需要,为企业提供更为广泛的资金来源。

　　(二)针对中小企业公司债券公开发行给予特殊的制度设计

　　中小企业融资难一直是制约中小型实体企业发展的因素,对于融资规

模不大的中小企业债券公开发行,可以实施特殊的制度安排,例如,对 500 万元人民币以下的小额债券公开发行实行备案手续的简化,甚至是豁免。对于科技型中小企业,证监会可以适度提高发行手续简化所需的发行额度上限。以此减小中小企业对银行贷款的依赖,拓宽中小企业融资渠道。

(三)提供债券市场避险工具——公司债券期货和期权产品

当公司债券价格下行时,公司债券的持有者可以通过购买公司债券期货和公司债券期权产品,减少或者避免损失。中国目前尚无公司债券期货和公司债券期权产品,影响了债券市场对投资者的吸引力,不利于债券市场的发展。证监会应该简化和加速债券市场金融风险避险工具的审批,鼓励金融交易所推出公司债券期权和期货产品,为公司债券投资者提供规避债券价格风险的工具,通过公司债券期货的价格发现功能,完善公司债券价格形成机制,增加债券市场的深度和弹性。

二、中央银行、银保监会与商业银行共同遏制银行资金脱实向虚

(一)以结构性货币政策引导商业银行资金流入实体经济

中国人民银行对不同贷款结构的商业银行设立不同的法定存款准备金要求,对于贷款结构中对实体企业贷款占比较高的企业,给予较低的法定存款准备金率,鼓励金融机构资金更多地流入实体企业。同时可以利用差别化的再贴现机制,对于房地产行业、产能过身行业的票据予以差别化的较高的再贴现率,提高相关这类行业企业的融资成本,减少相关行业的资金流入量。

(二)对不同渠道流入房地产的信贷进行合并集中度监管

银保监会应该严格贷款行业集中度监管,可以将房地产行业贷款和住房抵押贷款合并进行集中度监管,从总体上掌握通过企业和购房者渠道流入房地产行业的银行资金总额,并设定合理的房地产合并贷款集中度警戒线,根据美国次贷危机发生前房地产贷款占贷款总额比例约为 50% 的教训,建议将房地产合并贷款集中度警戒线设定为 40%。这样一方面防止资金过

度流入虚拟经济领域,另一方面避免房地产价格波动给商业银行带来冲击。

(三)避免政策性、扶植性贷款增加银行风险

商业银行体系的稳定,是金融体系安全的重要保障。中国应该坚持商业银行的市场化改革方向,中国人民银行、银保监会、国家发展和改革委员会应该避免以直接数量控制影响商业银行的贷款结构。中国人民银行不应以中小企业授信规模或者行业授信限额,要求商业银行以非市场化原则发放贷款,无论借款人是国有企业还是中小企业,银保监会都应该严格监管放贷的合规性。

三、充分利用互联网股权众筹模式引导资金流入实体经济

互联网股权众筹模式为中小企业提供了股权融资的新渠道。金融监管机构可以通过加强监管、规范互联网股权众筹机构的业务活动、明确投资者保护,吸引更多的中小企业和投资者通过这种新型的筹资模式获取资金。

(一)明确互联网股权众筹平台备案制度、业务规则

银保监会可以对互联网众筹平台采取备案制管理,要求互联网股权众筹机构在工商注册并在地方银保监会备案,银保监会应该对互联网股权众筹平台的信息予以公示,需要银保监会审核、公示的互联网股权众筹平台信息应该包括:平台的资本规模、征信状况、业务范围、风险状况。金融监管机构应该对互联网股权众筹机构的业务活动进行规范,设立互联网股权众筹单个项目的筹资额度上限,如500万元人民币。明确互联网股权众筹机构作为股权投资中介平台,不得通过互联网众筹活动为自身融资,不得将投资人的众筹资金用于发放贷款或者证券投资,实行互联网股权众筹平台自有资金和众筹资金严格分隔的管理制度。

(二)建立互联网股权众筹的筹资项目信息披露制度和投资人保护制度

银保监会应该明确互联网股权众筹平台对筹资项目的信息披露要求,需要披露的筹资项目应该包括:筹资人的基本信息、筹资项目的信息、众筹

资金额度、投资收益支付方式等。为了加强对众筹项目投资人的保护,金融监管机构应该要求众筹平台给予投资者明确的金融风险提示,设立投资者和筹资者的争议沟通机制,严格保护投资者的个人信息安全。

四、有序推进金融开放,建立金融风险预警和处置机制

(一)有序地推进金融开放

金融双向开放的顺序对中国的金融稳定也十分重要,中国应按以下顺序推进金融改革。

1.完善制度体系框架

完善制度框架是中国在金融双向开放条件下保证金融稳定的前提,在金融双向开放全面推进时首先应该建立和完善金融监管法律法规、信息披露法律法规、约束政府行为的法律法规。

2.稳定的宏观经济环境

在金融双向开放的过程中,中国必须首先实现宏观经济的稳定,尤其是将通货膨胀率控制在较低水平,保证适当的实际利率水平,为实现真正的利率市场化创造条件,同时又要避免利率过高引起"利率超调"。此外,中国政府还应该规范财政制度,减小政府开支,控制政府财政赤字,减小金融双向开放可能带来的通货膨胀压力。

3.汇率自由化与资本项目自由兑换

在汇率完全自由化之前,首先逐步使人民币升值到市场预期水平,再取消钉住汇率制度,由人民币和外币的市场供求决定汇率,中央银行通过买卖外汇间接调控人民币汇率;汇率自由化之后,再放开对外币投资的管制,实现人民币在资本项目下的自由兑换。

4.防止经济泡沫

在利率汇率市场化和资本项目开放后,必然伴随着金融市场的繁荣,泡

沫经济的风险加大,政府需要通过货币政策工具调整,适当减少货币供应量,保持经济稳定,避免出现经济泡沫。

(二) 建立金融风险预警和处置机制

1.建立金融风险早期预警机制

建立金融风险预警平台,由银保监会、证监会、人民银行、财政部联合建立金融监管信息平台,建立系统性金融风险指标体系,将金融信息共享,分析金融系统性金融风险出现的可能性,并由金融监管协调委员会定期召开会议,由上述五个部门的代表对当前金融稳定的形势进行分析,对金融监管漏洞、新出现的金融风险提出预警。

2.建立金融风险应急处置机制

尽管各级地方政府都制定有"金融风险、金融突发事件应急预案",但是预案内容较为笼统,缺乏针对性和实践指导性。应该由"金融稳定委员会"主导修订"国家金融突发事件应急预案",将金融突发事件的具体化,分析不同突发事件可能产生的金融风险,并针对性地提出处置思路。各级地方政府也对现有的应急预案进行相应的调整、细化,使基层部门在金融风险出现时,能够根据预案提供的可行性方案,科学地处置金融风险,将其不良影响降至最低,避免金融风险的传播扩散。

五、制定《金融监管法》并推行 "监管沙盒"制度

(一)制定《金融监管法》并完善金融监管机制

1.制定统一的《金融监管法》

将所有金融监管行为纳入《金融监管法》管辖,在金融监管法中对金融监管的整体目标、方式、监管机构、系统性金融风险预防、金融衍生品交易、民间金融监管等进行明确规定,特别是在该法中应该明确中国的金融模式,并作为所有金融业务监管的依据。鉴于中国当前的风险应对能力和经济发展水平,中国应该在《金融监管法》中明确分业经营的模式,明确规定分业经

营的金融机构能够从事的业务范围,对已经出现的超出业务范围的行为予以纠正。

2.建立金融监管协调机制

尽管采取分业经营模式,监管体系却应该注意监管部门之间的协调,建立国务院领导的"金融监管协调委员会",负责组织金融监管机构之间的协调、处理金融监管机构之间的争议。

3.完善对民间金融机构的监管

给予民间金融机构合法地位,将民间金融机构的监管纳入银监会,根据民间金融机构的特点,规定其类型、准入条件、经营范围、投资者保护、法律责任。特别注意明确规定对民间金融机构监管的检查程序、时间间隔,加大民间金融机构违法成本,以正规的监管保障民间金融机构的稳定。

(二)对金融科技机构实行特殊监管

1.监管沙盒制

为了在严格监管下给科技金融创新提供空间,可以在法律中明确"监管沙盒"制度,允许金融机构在申报获批后在批准的范围内从事科技金融创新实验。

2.逐步明确不同金融科技机构的监管要求

面对金融科技迅速发展的现状,针对其涉及投资者分布广泛、拥有大量客户金融信息、经营灵活的特点,金融监管法可以针对不同类型的金融科技机构,制订差异化的金融科技机构准入管理、资金池管理和业务范围监管规则,明确金融科技机构自身的信息披露要求以及平台筹资者信息披露和资格审核要求,对金融科技机构使用和保护客户信息给予明确的规定和要求。

六、完善金融法律制度

(一)完善经济主体信息披露法律法规

完善金融信息披露制度,特别是上市公司的信息披露制度,使投资者能够依据上市企业信息做出正确投资决策,使股票的价格真实反映企业经营状况,消除"内幕消息",让所有投资者获得相同的信息,避免信息不对称引发投机,这样就能够最大限度地降低资本市场风险。有鉴于此,中国应该从以下六个方面完善信息披露法律法规。

1.统一信息披露标准,缩短信息披露周期

将证券法、商业银行法、上市公司信息披露办法、商业银行信息披露办法等信息披露法律法规予以梳理,将证券法核心定位于信息披露,统一不同类型上市公司信息披露准则。缩短信息披露周期,提高信息披露违法者的惩罚力度,完善对受害人的民事赔偿制度

2.强化上市商业银行的信息披露制度

第一,提高上市商业银行信息披露法律层级,针对上市商业银行信息披露的规制立法主要集中在规章制度层面的情形,适当提高立法层级,以法律或者行政法规的形式明确商业银行特别是上市商业银行信息披露的基本内容,以减少各部门制定规章的内容冲突。第二,在上市银行信息披露制度中明确不同对象的强制性披露内容,上市商业银行信息披露的对象包括存款人、股东、监管机构等主体,对不同对象的强制性披露内容应予以明确。第三,统一上市商业银行信息披露法律法规,因上市商业银行信息披露涉及不同立法部门(如银监会、证监会、人民银行),信息披露立法的过程更应注重内容的协调与一致。第四,上市商业银行信息披露法律法规与国际接轨,和新巴塞尔协议的要求相比,中国商业银行信息披露法律法规仍然存在很多不足,中国在商业银行信息披露中需要明确量化信用风险和市场风险的数学模型,使商业银行在对风险进行分析时有统一的标准和依据,披露的风险信息更为准确;在商业银行信息披露法律法规中,增加对银行利率风险进行披露的要求,以充分反映商业银行的经营风险;制定法律和法规,对商业银行的资产证券化业务、金融衍生产品业务、证券投资和承销等业务信息进行披露,使信息披露的覆盖范围更加广泛。

3.细化监管信息披露

公布各个法人金融机构的金融监管数据,使公众能够了解更多非上市

金融机构的真实信息和风险状况,便于投资者进行投资决策,减小金融体系中的信息不对称,更好地防范金融风险。

(二)以《宏观调控法》完善间接宏观调控制度

中国既要避免以价格和数量工具直接控制金融体系,又要防止对经济完全放任, 而应该建立以间接手段为主的货币政策和财政政策间接调控体系,当金融体系出现市场失灵,如资本市场和外汇市场动荡时,以货币政策和财政政策予以调解,熨平市场波动。

因此,中国应该制定一部《宏观调控法》,在法律中明确政府宏观调控的工具、手段,规范政府调控行为,便于政府能灵活、适时地使用这些调控行为,促使中国宏观调控体系制度化。保证政府政策的连贯性,避免政府政策的频繁大幅变更,增强政策的可预测性,避免政策突然变动给经济带来冲击。

(三)完善投资者保护法律制度

完善的投资者保护法律制度在弥补市场失灵、减小金融脆弱性方面有两个作用:一方面,能够使外部效应成本内部化,当投资者的合法权益受到违法行为侵害时,投资者的损失将由违法者予以补偿,将金融违法行为负外部性的成本内部化,有助于消除由于负外部性引发的金融脆弱;另一方面,有助于减弱信息不对称引发的羊群效应,完善的投资者保护法律机制,使得投资者因上市公司或者中介机构的内幕交易等违法行为遭受的损失得到足额补偿,能够避免投资者恐慌,防止风险扩散。

中国投资者保护法律体系需要从以下四个方面予以完善。

1.制定《投资者保护法》

构建保护法律体系,制定统一的《投资者保护法》,并针对不同的投资对象分别制定《国债法》《期货法》《证券交易法》《投资银行法》《投资顾问法》等法律。

2.强化对中介机构的约束

在《证券法》中强化对于中介机构的约束,明确中介机构侵害投资者权益时应当承担的法律责任和赔偿责任。

3.坚持民事赔偿优先的原则

对于投资者因为上市公司内幕交易等违法行为受到损失,确保足额赔偿。在证券法中对于赔偿方式方法进行明确规定,并对参照金融机构的利率水平,补偿投资者相应的利息损失。

4.提高金融机构违法成本,使负外部经济成本内部化

强化对金融机构的日常监管和检查,对违反金融监管法律法规的金融机构给予经济处罚,提高违法成本,并把金融机构高风险经营活动的成本内部化。

第五节　新冠疫情给金融稳定带来的新挑战及其启示

2020 年 1 月起新冠疫情(COVID-19)在全球多个国家暴发,成为影响全球的突发重大公共卫生突发事件。新冠疫情给全球金融体系带来冲击,包括美、欧在内的多个国家和地区的外汇市场、股票市场、期货市场、黄金市场出现大幅动荡。

一、新冠肺炎疫情对金融稳定的冲击及特点

(一)引发金融资产价格波动

在突发重大公共卫生事件发生时,出于对未来经济增长和企业财务状况的负面预期,金融资产价格将出现波动。在 2003 年"非典"疫情暴发期间,中国的股票市场就曾出现过波动:2003 年 4 月 16 日,世界卫生组织将非典型肺炎的致病病毒命名为 SARS 病毒,2003 年 4 月 17 日中共中央政治局常务委员会召开关于非典型肺炎防控的会议,疫情受到中央政府和全国人民高度关注,恐慌情绪开始出现。2003 年 4 月 16 日至 2003 年 4 月 29 日,中国股票市场价格震荡下跌,上证综指和深成指数分别由 4 月 16 日开盘时的

1633.53 点和 3447.93 点,跌至 4 月 29 日收盘时的 1509.31 点和 3238.81 点,跌幅分别为 7.6% 和 6.06%。

2020 年 COVID-19 在全球蔓延,由于疫情传播范围和感染人数远远超过 SARS,其对金融稳定的影响广度和深度也超越了 SARS。

1.COVID-19 对中国金融资产价格的影响

(1)对中国股票市场价格的影响

2020 年 1 月 23 日凌晨,武汉市新型冠状病毒感染的肺炎疫情防控指挥部宣布武汉封城,图 7-4 显示,1 月 23 日沪深两市都出现了下跌,上证综指和深成指收盘价比上个交易日分别下跌了 3.52% 和 2.75%;2 月 3 日是中国股票市场春节后开盘首日,也是疫情在全国蔓延的时期,受到疫情影响,投资者信心受挫,沪深两市收盘价比春节前最后一个交易日(1 月 23 日)分别下跌了 8.45% 和 7.72%。此后随着疫情在国内得到有效控制、应对疫情的宏观经济政策不断出台,投资者信心恢复,1 月 22 日至 2 月 24 日中国的股票市场价格逐渐上升。但是 2020 年 2 月下旬境外的疫情形势开始严峻,出于

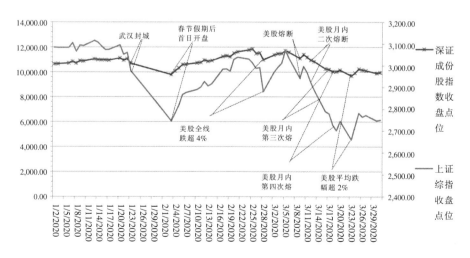

图 7-4　中国股票市场价格指数收盘价格(2020 年 1 月 2 日至 2020 年 3 月 31 日)

数据来源:万德资讯金融终端。

对疫情和美国经济增长放缓的担忧,美国金融市场投资者恐慌情绪高涨,2020 年 3 月 9 日、3 月 12 日、3 月 16 日、3 月 18 日美国股票市场价格下跌四次触动熔断机制,2020 年 2 月 27 日、2 月 28 日、3 月 23 日美股也出现全线下跌,在这六个时间点,中国股市也受到影响出现下跌。

(2)对中国债券市场价格的影响

图 7-5 是中债—新综合指数,中债—新综合指数成份券包含除资产支持证券、美元债券、可转债以外剩余的所有公开发行的可流通债券[①],能够反映中国债券市场的整体价格波动状况。图 7-5 显示,中国债券市场价格从 2020 年 1 月 2 日起处于上升状态,与股票市场波动趋势相反,波动幅度相对较小,符合债券与股票相互替代的特征,股票市场价格大幅下跌的时点在债券市场表现为价格上涨,2020 年 1 月 23 日中国债券市场价格出现较大幅度上升,较前一个交易日的指数上升 1.34%,3 月 9 日、3 月 23 日也都出现了债券市场价格上升的现象。

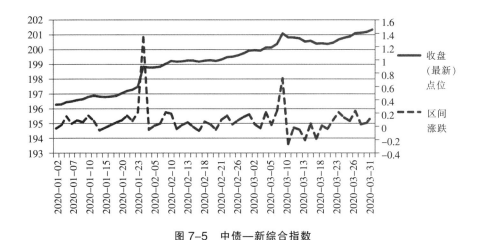

图 7-5 中债—新综合指数

(2020 年 1 月 2 日至 2020 年 3 月 31 日)

注:左纵轴为中债指数收盘点位,右纵轴为区间跌幅(点)。

数据来源:万德资讯金融终端。

---

① 指数的定义来自中债—新综合指数基本信息。

（3）对中国金融期货价格的影响

图 7-6 显示,与股票市场波动的原因相同、轨迹相似,中国股票指数期货合约也在 1 月 23 日、2 月 3 日、2 月 28 日出现较大的单日价格下跌,IC2006 在这三个交易日的结算价格分别较前一个交易日下跌了 4.69%、9.95% 和 5.95%,IF2006 在这三个交易日的结算价格跌幅分别为 3.76%、9.59% 和 3.64%。2020 年 3 月 9 日后中国股指期货的价格一路下行,直到 3 月 24 日开始才回升。IC2006 和 IF2006 在 2020 年 3 月 23 日的结算价格比 2020 年 1 月 2 日分别降低了 8.22% 和 19.71%。

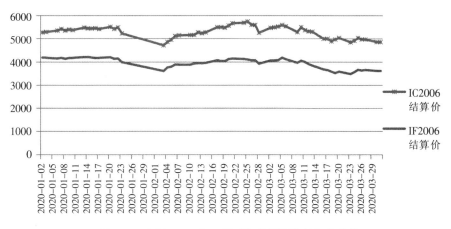

图 7-6　中国 2020 年 6 月到期的股票指数期货价格
（2020 年 1 月 2 日至 2020 年 3 月 31 日）

注:IC2006 是 2020 年 6 月到期的中证 500 指数期货合约,IF2006 是 2020 年 6 月沪深 300 指数期货合约。
数据来源:万德资讯金融终端。

通过对中国股票市场、债券市场和期货市场价格变化可以看出,COVID-19 对中国的金融市场产生了明显的负向影响和冲击,导致中国股票价格和金融期货价格下跌、债券收益减少,金融资产价格和收益率变化的背后是金融机构收益的减少、市场风险的加剧和流动性的降低。

2.COVID-19 对欧美金融资产价格的影响

（1）对欧美股票市场价格的影响

表7-3 美国COVID-19疫情数据及股票市场波动状况

(2020年2月27日至2020年3月31日)

交易日期	COVID-19确诊病例:累计值	COVID-19当日新增确诊病例	道琼斯工业指数涨跌幅(%)	纳斯达克指数涨跌幅(%)	标普500涨跌幅(%)	备 注
2020-02-27	61	1	-4.42%	-4.61%	-4.42%	平均跌幅超过4%
2020-02-28	67	6	-1.39%	0.01%	-0.82%	
2020-03-02	110	18	5.09%	4.49%	4.60%	
2020-03-03	133	23	-2.94%	-2.99%	-2.81%	
2020-03-04	165	32	4.53%	3.85%	4.22%	
2020-03-05	239	74	-3.58%	-3.10%	-3.39%	平均跌幅3.56%
2020-03-06	347	108	-0.98%	-1.87%	-1.71%	
2020-03-09	756	174	-7.79%	-7.29%	-7.60%	熔断
2020-03-10	1,052	296	4.89%	4.95%	4.94%	
2020-03-11	1,328	276	-5.86%	-4.70%	-4.89%	平均跌幅5.15%
2020-03-12	1,757	429	-9.99%	-9.43%	-9.51%	熔断
2020-03-13	2,305	548	9.36%	9.35%	9.29%	
2020-03-16	4,727	925	-12.93%	-12.32%	-11.98%	熔断
2020-03-17	6,508	1,781	5.20%	6.23%	6.00%	
2020-03-18	9,416	2,908	-6.30%	-4.70%	-5.18%	熔断
2020-03-19	14,332	4,916	0.95%	2.30%	0.47%	
2020-03-20	19,758	5,426	-4.55%	-3.79%	-4.34%	平均跌幅超过4%
2020-03-23	46,455	11,229	-3.04%	-0.27%	-2.93%	平均跌幅2.08%
2020-03-24	55,236	8,781	11.37%	8.12%	9.38%	
2020-03-25	69,222	13,986	2.39%	-0.45%	1.15%	
2020-03-26	86,043	16,821	6.38%	5.60%	6.24%	
2020-03-27	104,848	18,805	-4.06%	-3.79%	-3.37%	平均跌幅3.74%
2020-03-30	164,670	21,569	3.19%	3.62%	3.35%	
2020-03-31	175,127	10,457	-1.84%	-0.95%	-1.60%	平均跌幅近1.5%

数据来源:万德金融终端。

表 7-3 是 2020 年 2 月 27 日至 2020 年 3 月 31 日美国三大股指的波动状况,表 7-3 显示:随着 COVID-19 在欧洲的爆发和美国确诊人数增加,2020年 2 月 27 日起美国的股票市场出现了剧烈、频繁的波动,3 月 9 日、3 月 12日、3 月 16 日、3 月 18 日美国股票市场四次触动熔断机制,其中 3 月 16 日跌幅最大,三大股指的平均跌幅达到 12.41%。除四次熔断外此之外,美国股市还在 2 月 27 日、3 月 5 日、3 月 11 日、3 月 20 日、3 月 23 日、3 月 27 日出现了较大幅度的下跌。值得注意的是,美国股票市出现了上升和下跌交替的过山车式动荡。在 3 月 3 日美联储降息 0.5% 之后,3 月 4 日美国股票市场出现了短暂的上涨;3 月 9 日美国宣布削减工资税和中小企业贷款,3 月 10 日美国股票价格再次上扬,当日涨幅超过 4%;3 月 23 日美联储宣布施行无限量宽松政策,3 月 24 日美国股市大幅上涨,道琼斯工业指数创 1933 年以来的单日最大涨幅;3 月 27 日美国总统签署 2 万亿美元经济刺激法案,美股在 3 月 30 日仅仅上涨一天之后又在 3 月 31 日出现下跌。

欧洲国家从 2020 年 1 月 24 日陆续开始每日报告 COVID-19 病例数据,2 月 24 日意大利的累计确诊人数增至 229 人,比前一个交易日(2 月 21日)增加了 209 人,确诊病例的快速增加引发负面预期,2 月 24 日意大利的股票指数下跌了 5.5%,欧洲其他国家的股票市场也出现了不同程度的下跌,此后的 2 月 28 日、3 月 9 日、3 月 12 日、3 月 16 日、3 月 18 日、3 月 27 日欧洲股票市场出现了整体的大幅度下跌,其中 3 月 12 日跌幅最大,欧元区斯托克指数当日跌幅高达 12.4%,其次是 3 月 9 日,欧元区斯托克指数下跌了8.45%。在欧洲主要国家中,意大的确诊病例和日新增病例最多,因此,3 月 9日、3 月 12 和 3 月 16 日意大利股票市场价格波动最为剧烈,跌幅分别为10.75%、16.4% 和 6.06%;3 月 23 日和 3 月 27 日的股票市场波动中,英国的富时 100 指数跌幅最大,分别为 3.79% 和 5.25%[①]。

(2)对欧美国债市场价格的影响

国债指数能够反映一国或者地区国债价格的总体变化,通过图 7-7 富

① 万德金融终端.[DB/OL].[2022-01-08].

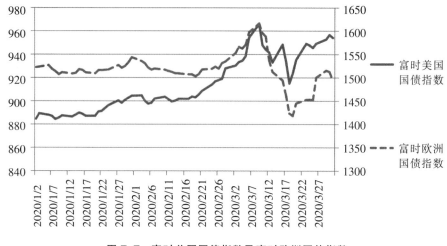

图 7-7　富时美国国债指数及富时欧洲国债指数

（2020 年 1 月 2 日至 2020 年 3 月 31 日）

注：左纵轴为富时美国国债指数报价，右纵轴为富时欧洲国债指数报价。

数据来源：万德金融终端。

时美国国债指数和富时欧洲国债指数的变化曲线可以发现，在 2020 年 2 月
19 日之后，美国和欧洲的国债价格开始快速上涨，仅在 2020 年 3 月 5 日至
3 月 9 日富时美国国债指数和欧洲国债指数报价就累计上升了 3.36% 和
3.42%，3 月 9 日之后美国和欧洲国债市场价格后开始回落，2020 年 3 月 18
日出现大幅的价格下跌，富时欧洲国债指数和富时美国国债指数的报价分
别比前一个交易日下跌了 2.69%、2.02%。总体上看，2020 年 1 月 2 日至 3 月
9 日受到 COVID-19 的影响，美国和欧洲的国债市场与股票市场价格呈现反
向变动，2 月 24 日、2 月 27 日至 2 月 28 日、3 月 9 日在欧美股票市场受到
COVID-19 冲击而出现较下跌时，欧美国债市场价格都在上升，这是投资者
为了避险增加国债持有的表现；3 月 9 日之后，欧美债券和股票价格的波动
方向一致，3 月 12 日、3 月 18 日，美国股票市场两次下跌熔断、欧洲的股票
市场价格也大幅度下跌，美国和欧洲的债券市场也同时出现了价格下降，这
种同向变动是投资者抛售金融资产引起的，是市场恐慌情绪的体现。由此可
见，随着美国和欧洲 COVID-19 的确诊病例地增加，对债券市场的影响更为

显著,债券市场波动幅度增加,恐慌心理增加。

(3)对欧美期货市场价格的影响

表7-4显示,美国股票指数期货市场出现了与美国股票市场同时期的价格波动,分别在2020年2月27日、3月9日、3月12日、3月16和3月

表7-4　美国2020年6月到期的三大股指期货结算价格跌幅较大的交易日

(2020年1月1日至2020年3月31日)

日期	SP500期货 2006结算价 涨跌幅	纳指100小型 2006结算价 涨跌幅	小型道指期货 ($5)2006 结算价涨跌幅
2020-01-27	-1.65%	-2.08%	-1.56%
2020-01-31	-2.02%	-2.39%	-2.08%
2020-02-24	-3.41%	-3.89%	-3.51%
2020-02-25	-2.92%	-2.61%	-3.06%
2020-02-27	-4.98%	-5.31%	-5.13%
2020-03-03	-2.29%	-2.44%	-2.32%
2020-03-05	-3.24%	-2.81%	-3.38%
2020-03-06	-1.75%	-1.74%	-1.10%
2020-03-09	-7.40%	-6.55%	-7.51%
2020-03-11	-4.39%	-3.95%	-5.19%
2020-03-12	-10.00%	-9.89%	-10.65%
2020-03-16	-10.38%	-10.89%	-11.29%
2020-03-18	-3.38%	-2.53%	-4.83%
2020-03-20	-4.21%	-4.19%	-4.20%
2020-03-23	-2.98%	0.22%	-2.85%
2020-03-27	-3.22%	-3.51%	-4.08%
2020-03-31	-1.59%	-0.87%	-1.88%
2020-04-01	-4.74%	-4.46%	-4.65%

数据来源:万德金融终端.[DB/OL].[2022-01-08].

27 日出现股票期货市场价格的下跌,其中 3 月 12 日与 3 月 16 日的下跌幅度最大,三大股指期货下跌幅度均超过了 10%。

美国的国债期货在 2020 年 3 月也出现了价格波动,值得关注的是 3 月 9 日、3 月 12 日、3 月 16 日、3 月 27 日美国国债期货价格普遍下跌,和股票市场的波动趋势一致,特别是在 3 月 16 日,6 月到期的美国 30 年期国债期货结算价格较前一个交易日的结算价格下跌了 5.12%。

欧洲的重要股指期货德国 DAX 股指期货和欧元区斯托克股票指数(STOXX50)期货出现了和欧洲的股票市场同时期的较大幅度下跌,分别在 2 月 24 日、2 月 27 日、3 月 9 日、3 月 12 日、3 月 16 日、3 月 18 日和 3 月 27 日。其中 3 月 9 日、3 月 12 日和 3 月 16 日的两种股票指数期货结算价的平均跌幅均超过 10%。大量数据显示,COVID-19 对欧美国家的金融期货市场产生了普遍影响,金融期货的波动时间与趋势与欧美股票市场一致。

上述分析显示,突发重大公共卫生事件引起美国和欧洲股票市场、债券市场和金融衍生品市场价格的剧烈波动,COVID-19 对美国和欧洲金融稳定的冲击程度超过了其对中国金融稳定的影响。

3.产生汇率波动

一国出现突发重大公共卫生事件时,可能会引发的汇率波动有短期效应和长期效应。出现突发重大公共卫生事件国家货币在短期内的波动可能是正向也可能是负向:如果投资者对该国货币币值产生贬值预期,则投资者可能出售持有的该国货币,引起货币贬值;如果市场出现恐慌情绪,则或出现该国货币币值短期内不降反升的情况,这是因为投资者大量抛售该国金融资产将其转化为货币,引起货币需求的上升,货币升值。但是无论短期内该国货币升值还是贬值,长期效应则都是该国货币贬值,这是因为:第一,金融市场资产价格波动导致投资者从该国金融市场上撤出投资,该国货币供给增加而价格坚挺的外币需求减少,出现该国货币贬值;第二,该国在突发重大公共卫生事件出现后实施宽松的货币政策,加剧货币贬值;第三,受到突发重大公共卫生事件的影响,经济增长放缓,导致该国货币贬值。

由于 COVID-19 在 2020 年 3 月影响到了美国、欧洲和亚洲的多个国家,很多货币出现汇率波动,同期发生疫情的欧美国家之间的汇率不具有可比性,因此以中国和美元指数反映由于 COVID-19 引发的汇率市场波动。

(1)对人民币汇率的影响

2020 年 1 月 20 日武汉新冠肺炎确诊患者达到 270 人,国家卫健委高级别专家组确定新冠肺炎能够人传人,这些信息的发布后人民币相对于美元出现贬值,图 7-8 显示,在武汉封城的 2020 年 1 月 23 日和春节后开市的首日(2 月 3 日)人民币出现了贬值,分别较前一个交易日贬值 0.42% 和 1.38%。2020 年 3 月开始,美国的疫情加剧,美国股票市场和期货市场出现波动,影响到美元的币值稳定,因此在 2 月 28 日到 3 月 9 日期间出现了人民币相对于美元升值的情况。

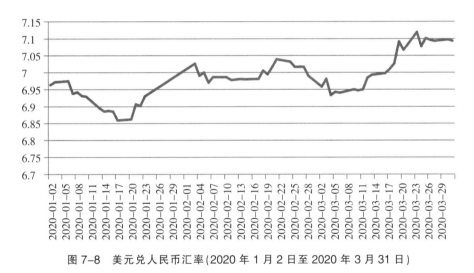

图 7-8　美元兑人民币汇率(2020 年 1 月 2 日至 2020 年 3 月 31 日)

数据来源:万德金融终端.[DB/OL].[2022-01-08].

(2)对美元汇率的影响

美元指数是美元对一揽子货币的汇率,能够反映美元在国际外汇市场上的汇率波动情况,图 7-9 显示,从 2 月 21 日开始美元出现了贬值,3 月 9 日达到最低点后美元指数逐步回升,3 月 9 日后美元的升值是受到美国市场上流动性不足、其他国家因疫情原因货币贬值、投资者出售金融资产换回无

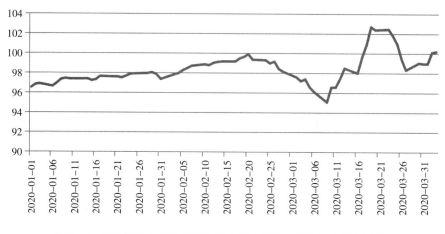

图 7-9　美元指数收盘价(2020 年 1 月 1 日至 2020 年 3 月 31 日)

数据来源：万德金融终端.[DB/OL].[2022-01-08].

风险的货币资产有关。

从美元兑人民币汇率价格和美元指数的波动情况可以看出,汇率市场也会受到突发重大公共卫生事件的影响而出现波动。

(二)新冠肺炎影响金融稳定的特点

通过阐述 COVID-19 对中国、美国和欧洲金融资产价格和汇率的影响,可以总结出以下特点：

1.具有跨国传播的特点

美国、欧洲、中国金融资产价格的波动与共振说明,无论是本国境内还是境外出现突发重大公共卫生事件,都可能导致一国国内金融资产价格和衍生金融工具的价格波动。本国境内出现重大公共卫生事件时,投资者的负面预期将引起金融资产价格波动,境外的突发重大公共卫生事件则会通过金融市场的相互影响传导至国内。

2.债券市场价格的波动方向能够显示其引发的投资者恐慌程度

突发重大公共卫生事件发生时,如果投资者只是为了避免股票市场价格下跌带来损失,转向投资低风险的债券,则债券及债券衍生品市场表现出与股票市场价格反向的波动;如果突发重大公共卫生事件影响严重,投资者出现恐慌情绪,抛售金融资产,则会导致股票与债券价格同降。因此,突发重大公共卫生事件期间,股票、债券及债券金融衍生品价格同时下跌更值得关注,说明金融体系受到的冲击更为严重。

3.汇率市场波动的短期影响有不确定性

尽管突发重大公共卫生事件发生国的货币从长期来看可能贬值,但是其短期效应却具有不确定性。首先,在受到突发重大公共卫生事件影响时,投资者对经济增长的悲观预期会给一国货币带来贬值压力,但是如果金融资产价格大幅下跌,市场出现恐慌引发的金融资产抛售,也可能引起对该国货币需求的增加,出现短期内的货币升值;其次,影响汇率的因素众多,不仅仅受到本国货币供求的影响,还受到外币币值的影响。总体而言,当一国受到突发重大公共卫生事件影响时,如果该国货币在短期不降反升更值得关注,这是投资者大量抛售金融资产的表现。

4.金融资产价格波动的趋势与频率是突发重大公共卫生事件处置措施有效性的体现

出现突发重大公共卫生事件时,如果在政府出台应对措施和刺激性的宏观经济政策后,金融资产价格短暂上升后再次下跌,说明市场信心不足,政府应对措施不力。例如,美国股票市场在2020年3月出现的多次大涨大跌就是政府对疫情控制不力、仅仅依靠经济刺激政策导致的,是市场对政府缺乏信心的表现。

5.金融资产价格波动背后隐藏着金融机构风险的上升

尽管突发重大公共卫生事件对金融稳定的影响最先体现在金融资产价格的波动上,但是金融机构受到的影响不容小觑。金融资产价格下降,意味着持有大量金融资产的金融机构的资产贬值、市场风险上升和盈利能力下降,金融资产的抛售还会引起金融机构流动性不足。因此,在关注重大突发重大公共卫生事件对金融市场价格冲击的同时,不应忽视其对金融机构的潜在影响。

二、突发重大公共卫生事件影响金融稳定的机制分析

突发重大公共卫生事件是突发的、可能损害社会公众健康的重大疫情、疾病、食物中毒等事件,其关注度高、社会影响广泛,尤其是重大传染病疫情,不但在短期内考验医疗系统的收治能力,还有可能引发金融波动和经济增长放缓。突发重大公共卫生事件对金融稳定的短期影响主要体现在金融资产价格和汇率波动,中长期影响则是金融机构流动性风险和信用风险增加。从 2020 年 1 月疫情加剧到 2020 年 3 月 31 日,COVID-19 对金融稳定中长期的影响尚未完全体现,但仍然可以通过金融市场的数据反映其短期效应。突发重大公共卫生事件是一种来自经济体系之外的冲击,其对金融稳定的影响不容忽视,COVID-19 触发的全球金融体系广泛、剧烈的波动证明了这种冲击的严重性。突发重大公共卫生事件每年在全球不同地区和国家都有发生,例如,2003 年在中国爆发的"SARS"非典疫情,2009—2010 年在全球多国出现 H1N1 流感疫情,2014—2016 年在西非爆发埃博拉(EVD)病毒疫情,2012—2019 年在中东国家出现中东呼吸综合征(MERS-CoV)疫情……因此,突发重大公共卫生事件对金融稳定的影响值得进一步研究,通过分析突发重大公共卫生事件影响金融稳定的路径与机制,找出遏制这种不利影响的关键因素,将有助于政策制定者实施合理的突发重大卫生事件应对措施,减小突发重大公共卫生事件对金融稳定的冲击。

(一)突发重大公共卫生事件的传导渠道

突发重大公共卫生事件通过三个渠道影响金融稳定,分别是预期渠道、信用风险渠道和国外传导渠道。

1.信用风险渠道

当突发重大公共卫生事件发生之后,正常的生产生活秩序被打乱:一方面,人员流动和出行减少,消费受到抑制,非必需品的需求减少;另一方面,服务业、非生活必需品生产企业停产,国内企业产出减少,经济增长放缓。这将引起生活必需品和非必需品的价格分化,生活必需品需求旺盛、价格上升,非必需品和部分服务行业需求大幅下降或者停工停产,经济可能会在短

期内出现滞涨的特征。这种经济增长的放缓和大量企业停工停产必然会影响到企业的偿债能力,停工停产的企业仍需要支付部分工人工资、利息、房租等成本,但是营业收入大幅减少甚至丧失,企业的流动资金急剧减少,应收账款难以按期回收,这种信用风险不但会在企业之间传播,形成信用风险链条,而且会给商业银行带来信用风险,导致商业银行的不良贷款增加,到期的贷款无法收回。

个人消费信用风险也会增加,服务行业停业,制造行业停工停产,小型企业的经营者、部分企业的工人工资收入下降甚至失业,他们已经取得的住房抵押贷款、信用卡贷款、分期付款消费信贷可能无法按期偿还,给金融机构带来损失。

2.预期渠道

当一国出现突发的重大公共卫生事件时,经济不确定性增加,投资者会产生负面预期:预期企业盈利能力降低、信用风险增加、经济增长放缓,这种预期会给金融市场带来不利的影响。在股票市场上,悲观预期导致投资者的股票投资减少,出现证券价格下跌、股票市场波动的现象,股票价格的下跌又会加剧负面预期,甚至引发市场恐慌,在羊群效应的强化下,出现投资者抛售股票、股票价格急剧下跌的状况;在债券市场上,出现资金涌入债券市场特别是国债市场避险现象,债券市场价格上升,收益率下降;在衍生金融工具市场上,未来金融资产价格下降的预期和当前基础金融资产价格的波动,都会导致衍生金融工具的价格的同方向波动;在外汇市场上,在负面预期的影响下,趋利的短期资金会从发生重大公共卫生事件的国家的金融市场上流出,资金外逃,导致该国货币供应增加、货币贬值、汇率波动。

3.国外传导渠道

即使本国国内(下文简称国内)没有发生突发重大公共卫生事件,国内的金融稳定状况仍然可能受到主要贸易伙伴国(下文简称伙伴国)重大公共卫生事件的影响。当伙伴国出现突发重大公共卫生事件时,该国将出现经济和金融波动,这种经济和金融波动会通过国际贸易和国际投资传导到国内。伙伴国发生出现公共卫生事件,其进口需求下降,对国内产品需求减少,伙伴国企业的信用风险上升可能导致国内企业开工不足、应收账款难以按时收回、收益下降以及信用风险增加,国内企业的债权人——商业伙伴和商业银行面临的信用风险随之上升,国内的金融稳定程度降低;当伙伴国的突发重大公共卫生事件影响到其金融市场并出现金融资产价格下跌时,由于两国紧密的经济联系,国内企业在伙伴国投资的企业股票价格下跌,该企业的股票价格在本国股票市场上也会降低,进而引发股票市场波动和其他金融市场联动,同时投资者的预期会加剧国内金融市场的波动。两国跨国投资规模越大,两国的金融市场规模的共振越强烈。

(二)突发重大公共卫生事件影响金融稳定的路径与自我强化机制

1.国内突发重大公共卫生事件影响金融稳定的路径与自我强化机制

重大公共卫生事件发生后,首先对金融市场、居民、实体企业产生影响,导致金融市场价格波动,居民消费需求和投资减少,企业的产出减少、投资下降。紧接着,金融市场、居民和企业会将金融压力传导给金融机构,金融机构持有的金融资产贬值或者收益率降低,金融机构的盈利减少;企业开工不足、流动性资产减少、营业收入下降,居民停工或者失业,可支配收入减少,导致企业和个人的偿债能力下降、信用风险上升;企业和居民投资减少,金融机构的佣金收入下降,多方面压力共同作用下,金融机构可能出现不良贷款增加、流动性不足和资产缩水的问题。

金融机构在避险动机的作用下,会减持价格下跌的金融资产,增持保值性金融资产,出现对价格下行的金融资产的抛售,导致市场恐慌和更剧烈的

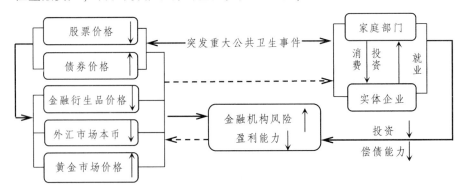

图7-10 国内突发重大公共卫生事件影响金融稳定的路径与自我强化机制

金融资产价格波动,衍生金融工具价格的大幅下跌还有可能触动强制平仓机制,投资者被迫平仓,加剧金融资产价格下跌。金融资产价格的下跌又会给居民、企业带来资产损失,他们所持有的金融资产贬值、收益下降,加剧居民和企业的流动性风险和信用风险。

这样,国内突发重大公共卫生事件形成了封闭的双向循环并且能够自我强化。

2.主要贸易伙伴国突发重大公共卫生事件影响金融稳定的循环与自我强化机制

如果是主要贸易伙伴国发生重大公共卫生事件,首先影响的是国内的金融市场,国内金融市场价格将受到伙伴国金融资产价格动荡的影响和发生波动;紧接着是国内外贸企业;再由外贸企业传导给国内其他企业;国内金融资产市场价格波动、国内外贸企业信用风险上升都会增加金融机构的风险,金融机构再将这种风险传导到金融市场,形成金融风险的循环。相对于国内发生重大公共卫生事件情况,伙伴国的重大公共卫生事件对国内影响较小,期限较短。

综上所述,突发重大公共卫生事件对金融稳定的影响是双向循环,具有自我强化机制。

(三)决定影响强度的关键因素分析

突发重大公共卫生事件影响金融稳定的路径与自我强化机制显示,要减轻突发重大公共安全事件对金融稳定的影响强度、缩短影响周期主要取决于三个因素:突发公共卫生事件处置的力度与速度、金融体系承压能力和打破双向循环自我强化机制的宏观经济政策。

1.突发公共卫生事件处置的有效性

快速有效的突发重大公共卫生事件处置有助于提升投资者信心,减小突发公共卫生事件的影响强度,这是弱化突发公共卫生事件的影响、保持金融稳定和经济稳健的最主要因素。

2.金融体系承压能力

如果宏观经济稳定,金融机构自身资本金充足、经营状况良好,实体经济持有的金融资产和短期负债比例适中,居民杠杆率水平合理,重大公共卫生事件对金融稳定的影响将是短期的、较轻微的,在重大公共卫生事件平息后,金融体系会迅速恢复稳定。

如果金融机构自身资本金不足、不良贷款率高、操作风险大,或者突发重大公共卫生事件冲击与宏观经济周期叠加,则突发重大公共卫生事件对金融稳定的影响可能更为严重和深远。金融机构难以承受短期剧烈冲击而出现流动性问题;实体企业在短期冲击下,流动资金不足难以复产,或者是复产后社会需求不足、产品滞销,企业盈利能力和偿债能力持续降低,引发金融市场金融资产价格持续低迷和金融机构不良资产大幅上升;居民失业率上升且失业周期较长,居民将选择停止偿还个人住房抵押贷款,金融机构的压力进一步加大。这种情况下,金融机构的问题将由短期流动性问题转化为资不抵债,金融机构倒闭的风险加大,这会进一步触发投资者恐慌,前述的自我强化机制更加强大。

3.打破双向循环自我强化机制的宏观经济政策

面对突发重大公共卫生事件,政府能够适时采取适度宽松的宏观经济政策,及时为金融机构提供流动性支持,为居民提供失业救济,则金融机构将逐步吸收金融风险,并且不再向金融市场传导和强化金融风险,上述的循环和强化机制得以阻断。如果突发重大公共卫生事件冲击与经济周期叠加,政府可能还需要对金融机构进行救助,实施大规模和较长时间的需求刺激刺激政策,促使金融恢复稳定。

三、面对突发重大公共卫生事件时维持金融稳定的对策

(一)国内突发重大公共卫生事件应对

1.快速控制重大公共卫生事件

实施公开透明的突发重大公共卫生事件报告制度,快速在全国范围内调配医疗资源,严格限制人员流动,保障居民生活必需品的供给,以重大公共卫生事件地处置为短期内各项政策的首要目标,力求快速控制重大公共

卫生事件,缩短公共卫生事件的周期,以此减小其对经济、金融的冲击并,为投资者提供信心。

2.及时为金融机构提供充足的流动性

货币当局应当运用结构性的、提供短期和中期流动性的货币政策工具,及时为金融机构提供流动性,防止金融机构出现流动性问题。这些货币政策工具包括:第一,差别的再贴现政策,针对受到突发重大公共卫生事件影响的程度,对不同行业制定差别化的再贴现政策,对于医疗器械、防护用品、药品生产行业给予特别优惠的再贴现率,对于交通运输、生活必需品供给行业,适度下调再贴现率;中短期贷款便利,为金融机构提供中短期流动性;第二,公开市场操作,中央银行在金融市场上进行逆回购,为金融机构提供流动性;第三,定向降准,针对受到重大公共卫生事件影响更为严重的中小企业或者外贸企业,为中小企业贷款的金融机构降低法定存款准备金率;第四,票据互换工具 CBS 操作,中央银行通过 CBS 及时为中小金融机构提供流动性,同时为这些金融机构补充资本金提供渠道。

3.为受到影响的企业和个人提供临时性的税费减免

为了减小企业和个人因为突发重大公共卫生事件无法及时偿还债务,进而引发金融机构的信用风险,采取短期性减免税费的财政政策,具体包括:短期内减免中小企业税收、短期内减免涉及中小企业的行政事业收费、临时的个人税费减免。

(二)重要贸易国出现突发重大公共卫生事件的应对

1.防止形成国内重大公共卫生事件

当国外发生重大公共卫生事件时,应该及时严格实行入境管制,对入境人员进行隔离观察,对疫情国家采取入境限制措施,及时发布本国公民前往疫情国的出行警示或者出行限制,避免病例输入,防止形成国内重大公共卫生事件。

2.侧重外贸企业的结构性货币政策和临时性税费减免

由于贸易伙伴国的重大公共卫生事件主要影响国内的外贸企业,在货币政策和临时性财政政策支持方面应该侧重于外贸企业,可以采取的政策有:中央银行提供针对外贸企业的专项再贷款额度,财政部实施针对外贸企业的临时性税费减免,针对服务外贸企业的商业银行实施定向降准政策。

3.阻断国外金融风险向国内传播

当贸易伙伴国发生重大公共卫生事件时,其金融市场动荡,必然会引起国内金融市场共振,减弱这种共振可以通过以下措施。第一,释放国内经济稳定的信号,保证国内投资者信心。通过政府及时发布国内经济状况信息,明确中央银行货币政策调整的政策意图,提供专家学者对国内经济增长预期的正面信息,给投资者提供决策的充分信息和充足的信心。第二,金融监管部门及时对持有贸易伙伴国金融资产的金融机构予以重点监管,为了避免伙伴国金融资产价格下跌、货币贬值给国内金融机构带来资产损失,金融监管部门应该对金融机构持有伙伴国金融资产进行清查备案,增加金融机构对这些金融资产的拨备要求,及时为这些金融机构提供临时性的流动性支持。第三,中央银行及时实行汇率市场化调节措施,避免本币相对贸易伙伴国货币的大幅升值,因为本币升值会加剧外贸企业的产品出口压力,加大外贸企业的信用风险。

(三)面对COVID-19境外疫情中国维护金融稳定的政策建议

2020年1月至3月中国应对COVID-19国内疫情的政策快速、有效,配套的宏观经济政策精准而有针对性,中国模式引起全球广泛的关注和学习。随着疫情在全球的扩散,中国在处置政策上需要适时调整。严格复工复产前、中、后的全过程防疫,通过限制入境措施防止国外输入病例,避免国内疫情反弹是重要任务,也是保障中国经济逐步恢复、金融保持稳定的首要条件。在宏观经济政策方面,中国还需要防止国外疫情引发的金融波动冲击中国的金融体系,针对疫情可能引起的经济放缓进行拟周期调节。

1.针对受到境外疫情冲击的行业制定实施结构性货币政策

如前所述,主要贸易伙伴国发生重大公共卫生事件时会直接影响到国内的外国企业,美国和欧盟是中国重要的贸易伙伴,欧美的疫情严重,并且2020年3月美国股票市场四次熔断,中国需要特别警惕美国和欧洲金融风险对中国金融稳定的影响。中华人民共和国商务部发布的《国别贸易报告》显示,美国和欧盟自中国进口商品以机电产品为主,2019年1—9月进口1605.2亿美元和568.8亿美元,占美国自中国进口总额的46.9%,家具玩具、纺织品及原料和贱金属及制品分别居美国自中国进口商品的第二、第三和第四位,运输设备和化工产品则是欧盟在中国进口的第二和第三位产品。①根据中国出口到欧美的商品类别,可以看到在美欧受到经济冲击时,机电行业受到的冲击最大,由于美国联邦基金利率已经降为0-0.25%区间,中国货币政策操作空间增加,中国可以采取的货币经济政策有:降低机电行业和运输设备制造业再贴现率,提供专项贷款和再贴现额度;适时针对中小企业贷款达到一定比例的商业银行进一步降低法定存款准备金要求;继续通过公开市场逆回购和中短期贷款便利为金融机构提供流动性,保障金融市场流动性充足;增加中国人民银行票据互换(CBS)操作的规模,为金融机构补足资本金提供渠道。

2.强化财政政策的作用

中国应对疫情的财政政策主要集中于短期的税费减免,随着COVID-19对全球经济影响的加剧,中国应该在实施短期税费减免的同时,发挥财政政策逆周期调节的作用。短期税费减免措施应该针对受冲击行业:简化出口退税流程,重点对机电行业予以政策支持,对机电行业、运输设备制造业、家具玩具、纺织品、贱金属制品行业提供短期的税收减免。较为宽松的财政政策可以通过发行"新冠肺炎特别国债"实现,支持受到新冠肺炎影响较大的地区经济恢复和基础设施建设。

3.金融监管部门加强对金融机构的监管检查

由于疫情蔓延会加大金融机构的风险,需要金融机构强大的承压能力,金融监管部门需要强化对金融机构的资本充足率监管,要求资本充足率偏低的金融机构及时补足资本金;对金融机构以外币持有的金融资产进行清

---

① 商务部.国别贸易报告:美国[R/OL].(2019-11-15) [2019-3-31],https://countryreport.mofcom. gov.cn/record/view110209.asp?news_id=66493.

查和核查;针对国外宽松的货币政策环境及由此引发的汇率风险,金融监管机构应对金融机构承担的汇率风险进行预判和评估,由金融监管机构和每个金融机构分别做出应对外汇风险的预案。

4.根据境外疫情及金融稳定状态逐步调整宏观经济政策

中国人民银行和财政部可以根据境外疫情、国内金融稳定程度和国内经济恢复状况,灵活调整宏观经济政策,随着境外疫情的减缓和国内经济的修复,逐步减小宏观经济政策力度和操作频率,避免在疫情结束后引发国内通货膨胀和泡沫经济。

5.做好应对国外金融危机冲击的预案

COVID-19对美欧金融市场的冲击较为严重,由于美国已经运用了前所未有的刺激性宏观经济政策,后续政策操作空间被挤压殆尽,一旦再次出现美国金融市场波动,美国将难以通过宏观经济政策工具救市,可能出现类似2007—2008年的金融危机,并给中国的经济和金融体系带来冲击。因此,中国政府应该从金融安全监测、金融监管、金融危机处置、宏观经济政策方面制定应对国外金融危机预案,确保在境外金融冲击出现时准确应对、科学处置,保障国内金融稳定。

6.调整国际储备币种结构

为了应对COVID-19,美国实行了前所未有的经济刺激政策,从长期来看美元有贬值的趋势,中国应该及时调整国际储备的币种结构和资产结构,减持美元和以美元计价的金融资产,丰富国际储备的币值结构,以分散汇率风险,避免美元贬值带来国际储备资产减值。

研究结论与研究展望

一、研究结论

通过生成微观金融稳定指数体系并对其进行分析,可以得出以下结论:

第一,微观金融稳定指数体系能够反映金融不稳定出现的部门和原因。通过对不同层次的微观金融稳定指数波动的情况进行分析,有助于识别金融风险存在的部门及引发金融风险的原因,有助于金融监管当局及时识别风险,有针对性地监管金融体系。

第二,微观金融稳定指标体系能够预测金融波动。微观金融稳定指数体系是金融市场波动的先行指标,通过观测不同部门、不同层次的微观金融稳定指数,能够早期发现可能引发金融市场波动的潜在风险、原因及部门。

第三,中国金融体系整体稳定但应关注证券市场的金融创新风险、企业部门的周期性波动和企业部门的偿债能力问题。部门微观金融稳定指数和微观金融稳定子指数显示,中国的金融体系总体上较为稳定,在样本区间内影响中国金融稳定的因素主要是证券部门的金融创新活动、经济周期及国内外经济冲击引起的企业部门金融风险以及企业部门的偿债能力不足引发的风险。

第四,微观金融稳定指数体系及其分析结果的政策意义在于,监管当局可以在宏观金融稳定监管的基础上增加对与中观层面和微观层面的金融稳定的观测,以便于及早发现影响金融稳定的隐患,及时、有针对性地对局部风险进行控制,防止金融风险在不同部门之间传染扩散,避免系统性金融风险出现。

中国多层级微观金融稳定指数构建及分析

二、研究展望

鉴于数据、研究方法所限,本研究仍有尚待进一步拓展的空间。

(一)对金融科技领域的风险测度需要进一步研究

2011 年起中国的金融科技快速发展,金融与科技的结合推动了快速的金融创新,也给金融体系带来了新的风险,但是大量金融科技企业并未上市,其对公众披露的信息有限,其经营和财务数据难以通过公开渠道获取,因此研究并未能对金融科技领域的风险进行测度,这是需要进一步研究的内容。

(二)基于微观大数据的金融稳定测度值得深入研究

作为新兴的研究领域和研究方法,基于大数据的金融稳定分析值得深入分析。金融大数据来自微观经济主体的金融交易行为,基于大数据测度金融稳定从理论上分析应该更具前瞻性,也更为准确。

(三)拓宽样本的来源与数量将有助于提升测度的广度与效度

受到数据限制,本研究没有测度家庭部门的潜在金融风险,居于数据的可获得性,是以上市企业作为样本。尽管上市企业和金融机构具有代表性,是系统重要性机构,但是样本越大越有助于提升微观金融稳定指数体系的效度。因此,增加样本数量和来源,提高微观金融稳定指数的准确度将是进一步研究的内容。

148

参考文献

[1] Fisher I. The Debt – Deflation Theory of Great Depressions [J]. *Econometrica*, 1933, 1 (4): 337 – 357.

[2] Allen F., Gale D. Optimal Financial Crises [J]. *The Journal of Finance*, 1998, 53 (4): 1245 – 1284.

[3] Allen F., Gale D. Competition and Financial Stability [J]. *Journal of Money*, Credit and Banking, 2004, 36 (3): 453—480.

[4] Gaies B., Goutte S. Guesmi K. Banking crises in developing countries – What crucial role of exchange rate stability and external liabilities? [J]. *Finance Research Letters*, 2019, 31 (C).

[5] 陈守东,杨东亮. 中国银行体系脆弱性的动态分析与预测[J]. 吉林大学社会科学学报,2010(4):111 – 119 + 160.

[6] 戴钰. 基于多元 Logit 模型对我国银行体系脆弱性的实证研究[J]. 经济问题,2010 (7):101 – 105.

[7] 刘金全,潘长春,刘达禹. 经济增长、货币供给对银行体系脆弱性的时变影响机制研究 [J]. 社会科学战线,2015(12):51 – 55.

[8] 刘金全,潘长春. 金融稳定对经济增长的非线性影响机制研究[J]. 求是学刊,2016 (7): 45 – 50.

[9] 朱太辉. 实体经济债务究竟如何影响金融体系稳定?——理论机制和解释框架[J]. 金融评论,2019,11（2):29 – 41 + 127.

[10] Minsky H. P. *The Financial Instability Hypothesis*:*Capitalist Process and the Behavior of the Economy*,*in Financial Crisis*:*Theory*,*History and Policy*[M]. Cambridge：Cambridge University Press,1982: 13 – 38.

[11] Diamond D., Dybvig P. Bank runs, Deposit Insurance, and liquidity [J]. *Journal of Political Economy*,1983,91(3):401 – 419.

[12] Kregel J. A. Margins of Safety and Weight of The Argument in Generating Financial Crisis [J]. *Journal of Economic Issues*,1997,31(2):543 – 548.

[13] Houben A., Kakes J., Schinasi G J. Toward a Framework for Safeguarding Financial Stability [J]. *Inter – national Monetary Fund Press*,2004.

[14] Gorton G. B. Slapped by the Invisible Hand：The Panic of 2007 [J]. *OUP Catalogue*, 2010,22(4):497 – 516.

[15] Ricks M. The Money Problem [M]. University of Chicago Press Economics Books. 2016.

[16] Tymoigne E. Book Review：Sara Hsu,Financial Crises,1929 to the Present [J]. *Review of Keynesian Economics*,2016,4(3):363 – 365.

[17] Biondi Y. and Zhou F. Interbank Credit and The Money Manufacturing Process：A Sys-

temic Perspective on Financial Stability[J]. *Journal of Economic Interaction and Coordination*,2019,14(3):437 – 468.

[18]刘春航,金融结构、系统脆弱性和金融监管[J].金融监管研究,2012(8):10 – 27.

[19]Bernanke B.,Gertler M. Financial Fragility and Economic Performance[J]. *Quarterly Journal of Economics*,1990,105 (1):87 – 114.

[20]Johnston,R. B.,Schumacher,L.,and Chai,J. *Assessing Financial System Vulnerabilities* [R]. IMF Working Papers 00/76,2000.

[21]Banerjee A. V. A Simple Model of Herd Behavior[J]. *The Quarterly Journal of Economics*,1992,107(3):797 – 817.

[22]Caplin A.,and Leahy J. Business as Usual,Market Crashes,and Wisdom after the Fact [J]. *The American Economic Review*,1994,84 (3): 548 – 565.

[23]Lee I. H. Market Crashes and Informational Avalanches[J]. *Review of Economic Studies*,1998,65(4):741 – 759.

[24]Chari V. V.,Kehoe P. Hot money[J]. *Journal of Political Economy*,2003,111(6): 1262 – 1292.

[25]Mishkin F. S. *Understanding Financial Crises: A Developing Country Perspective*[R]. NBER Working Paper No. 5600,1996.

[26]Corsetti G.,Pesenti P.,and Roubini N. What Caused the Asian Currency and Financial Crisis? [J]. *Japan and the World Economy*,1999,11(3):305 – 373.

[27]黄金老,论金融脆弱性[J].金融研究,2001(3):41 – 49.

[28]Diaz – Alejandro C. Good – Bye Financial Repression,Hello Financial Crash[J]. *Journal of Development Economics*,1985,19(1 – 2):1 – 24.

[29]Wilmarth A. E. Jr. *Does Financial Liberalization Increase the Likelihood of a Systemic Banking Crisis Evidence from the Past Three Decades and the Great Depression*[R]. SSRN Working Paper,2003.

[30]Orlowski L. T. Stages of the 2007/2008 Global Financial Crisis: Is There a Wandering Asset – Price Bubble[J]. *SSRN Electronic Journal*,2008,(372).

[31]Berger A. N.,Klapper L. F.,Turk – Ariss R. Bank Competition and Financial Stability [J]. *Journal of Financial Services Research*,2009,35(2):99 – 118.

[32]Mittnik S.,Semmler W. Overleveraging,Financial Fragility and the Banking – macro Link: Theory and Empirical Evidence[J]. *SSRN Electronic Journal*,2014,22(4):131 – 157.

[33]Du B.,Palia D. Short – Term Debt and Bank Risk[J]. *Journal of Financial and Quantitative Analysis*,2018,53(2):815 – 835.

[34]Yin H. Bank Globalization and Financial Stability: International Evidence[J]. *Research in International Business and Finance*,2019,49(10):207 – 224.

[35]Aspachs,O.,Goodhart,C. A. E.,Tsomocos,D. P.,Zicchino,L. Towards a Measure of Financial Fragility[J]. *Annals of Finance*. 2007,3(1):37 – 74.

[36] Roumani Y., Nwankpa J. K., and Roumani Y. F. Examining the Relationship between Firm's Financial Records and Security Vulnerabilities[J]. *International Journal of Information Management*, 2016, 36(6):987 – 994.

[37] 戴钰. 基于多元 Logit 模型对我国银行体系脆弱性的实证研究[J]. 经济问题, 2010 (7):101 – 105.

[38] 徐璐, 钱雪松. 信贷热潮对银行脆弱性的影响——基于中国的理论与实证研究[J]. 国际金融研究, 2013(11):84 – 96.

[39] 陈梦根. FSI 体系发展的回顾与展望:基于 2008 年国际金融危机的分析[J]. 经济统计学(季刊), 2014(1):22 – 32.

[40] 伍志文. 中国金融脆弱性:综合判断及对策建议[J]. 国际金融研究, 2002, (8):9 – 17.

[41] Macdonald R., Sogiakas V., and Tsopanakis A. Volatility Co – movements and Spillover Effects within the Eurozone Economies: A Multivariate GARCH Approach Using the Financial Stress Index[J]. *Journal of International Financial Markets Institutions and Money*, 2018, 52(1):17 – 36.

[42] 张兵, 方金兵, 林元洁. 区域农村金融体系脆弱性研究——基于熵权法的测度、分析和预警[J]. 经济经纬, 2009(3):103 – 107.

[43] 黄德春, 王波, 郭书东. 中国 1998 – 2013 年金融体系脆弱性评价[J]. 河海大学学报(哲学社会科学版), 2015, 17(5):55 – 60 + 105.

[44] 连英祺, 高雪, 郭凯. 中国金融稳定综合指数框架的构建、测度及适用性检验[J]. 统计与决策, 2020, 36(22):125 – 129.

[45] Morales M. A., and Estrada D. A financial stability index for Colombia[J]. *Annals of Finance*, 2010, 6(4):555 – 581.

[46] 杨晓东, 中美金融脆弱性对比分析[J] 财经理论研究, 2012, (5):83 – 87.

[47] 刘金全, 潘长春, 刘达禹. 经济增长、货币供给对银行体系脆弱性的时变影响机制研究[J] 社会科学战线, 2015(12):51 – 55.

[48] 王娜, 施建淮. 我国金融稳定指数的构建:基于主成分分析法[J]. 南方金融, 2017 (6):46 – 55.

[49] 刘慧悦, 罗月灵. 我国金融脆弱性区制状态划分及经济政策取向[J]. 社会科学, 2017 (9):54 – 65.

[50] 谷慎, 汪淑娟, 胡耀平. 美国货币政策对中国金融稳定的影响研究[J]. 上海经济研究, 2019(10):117 – 128.

[51] 刘金全, 陈婉莹. 中国的金融稳定及其产出与通货膨胀效应检验[J]. 江苏社会科学, 2019(6):46 – 54.

[52] Brave S., Butters R. A. Monitoring Financial Stability: A Financial Conditions Index Approach[J]. *Social Science Electronic Publishing*, 2011, 35(1):22 ~ 43.

[53] Buitron C. O., Unsal F. D., Pongsaparn R. *A Quantitative Assessment of Financial Conditions in Asia*[R]. IMF Working Papers 11/170, 2011.

[54]朱敏.中国2000—2010年金融体系脆弱性的分析与测度[J].经济与管理研究,2011
    (6):20 - 27.

[55]谢正发,饶勋乾.金融脆弱性指数构建的测度与实证分析[J].统计与决策,2016
    (5): 152 - 156.

[56]刘叶,贺培.金砖国家金融脆弱性的跨国比较研究——基于因子分析方法[J].经济
    经纬,2016(4):62 - 67.

[57]张波,陈瑶雯.金融稳定视角下我国货币政策有效性分析[J].统计与决策,2019,35
    (22): 167 - 171.

[58]万晓莉.中国1987～2006年金融体系脆弱性的判断与测度[J]金融研究,2008(6):
    80 - 93.

[59]周德才,纪应心,李晓璇.金融稳定是否应纳入中国货币政策目标——基于混频 IS -
    Phillips 模型的实证分析[J].南方经济,2019(6):10 - 28.

[60] Bai J., Ng S. Determining the Number of Factors in Approximate Factor Models[J].
    Econometrica,2002,70(1):191 - 221.

[61] Ahn S. C.,Horenstein A. R. Eigenvalue Ratio Test for the Number of Factors[J]. Econ-
    ometrica,2013,81 (3):1203 - 1227.

[62] Chamberlain, G., & Rothschild, M. Factor Structure and Mean - variance Analysis in
    Large Asset Markets[J]. *Econometrica*,1983,51(5):1305 - 1324.

[63] Diks C.,Panchenko V. A New Statistic and Practical Guidelines for Nonparametric Grang-
    er Causality Testing[J]. *Journal of Economic Dynamics and Control*,2006,30(9/10):
    1647 - 1669.

[64]马庆泉.中国证券史(1978 - 1998)[M].北京:中信出版社,2003.

[65]习近平.共同维护和发展开放型世界经济(2013年9月5日)[M]// 中共中央文献
    研究室.十八大以来重要文献选编(上).北京:中央文献出版社,2014.

[66]中共中央文献研究室.习近平关于社会主义经济建设论述摘编[M].北京:中央文
    献出版社,2017.

[67]习近平.关于《中共中央关于制定国民经济和社会发展第十三个五年规划的建议》
    的说明[M]//中国共产党第十八届中央委员会第五次全体会议文件汇编.北京:
    人民出版社,2015.

[68]习近平.习近平谈治国理政(第二卷)[M].北京:外文出版社,2017.

[69]习近平.关于《中共中央关于制定国民经济和社会发展第十三个五年规划的建议》
    的说明[M]//中国共产党第十八届中央委员会第五次全体会议文件汇编.北京:
    人民出版社,2015.

[70]习近平.决胜全面建成小康社会夺取新时代中国特色社会主义伟大胜利——在中国
    共产党第十九次全国代表大会上的报告[M].北京:人民出版社,2017.

[71]中共中央关于坚持和完善中国特色社会主义制度推进国家治理体系和治理能力现
    代化若干重大问题的决定[M].北京:人民出版社,2019.